La Valeur de l'information

Edwy Plenel

La Valeur
de l'information

suivi de

Combat pour
une presse libre

Don Quichotte éditions

www.donquichotte-editions.com

© Don Quichotte éditions, une marque des éditions du Seuil, 2018

ISBN : 978-2-35949-715-1

Aux cofondateurs,
François Bonnet,
Laurent Mauduit
et Marie-Hélène Smiejan-Wanneroy,
sans qui Mediapart n'aurait jamais existé.

À toute l'équipe de Mediapart
sans laquelle ce journal n'aurait pas survécu.

« Parler de liberté n'a de sens qu'à condition que ce soit la liberté de dire aux gens ce qu'ils n'ont pas envie d'entendre. »

George Orwell, préface inédite
à *La Ferme des animaux* (1945)

Un média à part

Plutôt misérable que plagiaire... On ne connaît que deux interviews de Paul Gauguin à la presse, toutes deux données à *L'Écho de Paris*, l'une en 1891, avant son premier départ pour Tahiti, l'autre en 1895, avant son second et définitif départ pour la Polynésie. C'est en visitant, à l'automne 2017, l'exposition consacrée au peintre alchimiste par le Grand Palais à Paris que je les ai découvertes, opportunément exhumées par L'Échoppe, une discrète maison d'édition. Alors qu'au même moment une méchante tempête médiatique et politicienne s'abattait sur Mediapart, voué aux gémonies dans un tohu-bohu où se liguaient les intolérances de l'époque et les jalousies de la concurrence, les toiles de Gauguin me sont apparues comme une échappée belle, envie d'ailleurs, de fuir cette violence et cette injustice pour retrouver un peu de calme et de bonté.

Dans la seconde de ces deux interviews, ce voyant qui voulait « vivre en sauvage », cherchant un lieu « où la vie matérielle peut se passer d'argent », explique avec vigueur combien la radicale nouveauté de son art

– ses chiens rouges, ses ciels roses, ses beautés lointaines... – se veut un retour aux sources, une renaissance
de l'authentique tradition, bousculant les préjugés du
conservatisme, ses convenances repues et ses fausses
évidences qui ont toujours servi à enfermer la création,
figer l'intelligence, immobiliser l'humanité. C'est alors
qu'il livre cette confidence : « Je suis parfaitement résigné
à demeurer longtemps incompris. En faisant ce qui a
déjà été fait, je serais un plagiaire et me considérerais
comme indigne ; en faisant autre chose, on me traite
de misérable. J'aime mieux être un misérable qu'un
plagiaire ! »[1]

À l'orée du dixième anniversaire de Mediapart, ce
journal en ligne que nous avons créé le 16 mars 2008
dans l'incrédulité générale tant il venait contredire toutes
les vulgates dominantes, à tel point qu'il n'avait alors
aucun équivalent dans le monde, le cri du cœur de
Gauguin m'accompagne comme un drôle de regret. Je
me demande en effet s'il n'eût pas mieux valu ajouter
l'échec à l'incompréhension... La question est évidemment toute théorique tant nous ne regrettons pas d'avoir
fait la démonstration que la presse pouvait renaître
avec le numérique, que le journalisme pouvait être
rentable et qu'un journal pouvait vivre du seul soutien
de ses lecteurs, dans une totale indépendance des pouvoirs politiques et des puissances économiques. Mais il

---

1. Paul Gauguin, *Plutôt misérable que plagiaire*, L'Échoppe, 2017, p. 26.

m'arrive parfois de penser que réussir est un fardeau quand créer était une joie.

Premier média en ligne à s'être affirmé comme un journal à part entière, au point d'obliger l'État français à reconnaître, en 2009, par un décret de la République, que la presse ne s'identifiait pas au support papier[1], Mediapart fut aussi le premier site d'information généraliste à défendre un modèle payant[2], sur abonnement mensuel ou annuel, alors que, sous toutes latitudes, analystes, économistes et professionnels ne croyaient qu'au modèle gratuit, autrement dit à une gratuité financée par la publicité. Dix ans après sa création, notre journal affiche, depuis plusieurs exercices annuels, une rentabilité unique dans le secteur (un résultat net supérieur à 16 % du chiffre d'affaires) grâce à la fidélité de ses abonnés payants. Contrairement à la plupart des médias, il refuse toute recette publicitaire et n'accepte aucune subvention publique, ne dépendant ainsi ni du marché commercial ni de la puissance étatique.

Une indépendance économique radicale que résume son slogan : « Seuls nos lecteurs peuvent nous acheter ».

1. Par le décret n° 2009-1340 du 29 octobre 2009, la presse en ligne s'est vue attribuer la même reconnaissance que la presse sur papier, siégeant dès lors à la Commission paritaire des publications et agences de presse (CPPAP). Jusqu'en 2015, j'y fus le premier représentant de la presse numérique, au nom du Syndicat de la presse indépendante d'information en ligne (SPIIL), créé à cette occasion, dont Mediapart est l'un des membres fondateurs et dont j'étais alors le secrétaire général.
2. Deux mois avant Mediapart, en janvier 2008, Daniel Schneidermann avait lancé sur le même modèle économique le site Arrêt sur images dont l'ambition, plus spécialisée, est de se consacrer à la déconstruction des narrations médiatiques sur tous supports.

Avec aujourd'hui plus de 140 000 abonnés – chiffre qui est monté à près de 150 000 courant 2017 – Mediapart s'est imposé en challenger de la presse imprimée traditionnelle par la qualité, l'originalité et la diversité de ses contenus, tout en l'obligeant à se remettre en cause sur Internet, notamment dans son modèle économique[1]. La croissance régulière de son public – une moyenne d'un peu plus de 10 000 abonnés chaque année – s'accompagne d'une audience importante, pouvant aller jusqu'à trois millions de visiteurs uniques mensuels, Mediapart ayant aussi fait la démonstration que le modèle payant, loin d'être un mur infranchissable, n'était pas incompatible avec une fréquentation importante, symbole d'une forme de gratuité démocratique de l'échange et du partage[2].

Quand, le 2 décembre 2007, nous annoncions notre projet, depuis un obscur et poussiéreux atelier qui nous hébergeait dans le XIe arrondissement de Paris, jamais

---

1. La comparaison pertinente est avec la presse quotidienne nationale (PQN), Mediapart étant un quotidien en ligne, diffusé sept jours sur sept, avec trois éditions par jour (deux le week-end). En octobre 2017, selon leurs déclarations déposées à l'OJD, les moyennes de la diffusion payée individuelle en France des quotidiens nationaux étaient les suivantes, chiffres additionnant éditions imprimées et éditions numériques : *Le Monde* : 247 525 ; *Le Figaro* : 236 994 ; *Libération* : 50 790 ; *Les Échos* : 94 542 ; *La Croix* : 82 366. Pour *L'Humanité*, les données disponibles remontent à juin 2017 et donnent une moyenne de 32 491. Ces chiffres n'incluent pas les ventes dites « en nombre » qui correspondent à des exemplaires offerts à prix bradés, voire gratuits, afin d'augmenter artificiellement la diffusion (par exemple, les compagnies aériennes).
2. Le Club participatif de Mediapart, où ses abonnés tiennent leurs blogs, est en accès libre, tout comme la lecture des titres et résumés des articles de son Journal payant. Par ailleurs, chaque abonné de Mediapart peut offrir à autant d'amis qu'il le souhaite la consultation gratuite d'un article du Journal.

nous ne pensions en arriver jusque-là. Si nous savions où nous allions, nous n'imaginions pas où cela nous mènerait, à l'instar du marcheur du poète Antonio Machado : *Caminante, no hay camino/Se hace camino al andar* (« Toi qui marches, il n'y a pas de chemin/Le chemin se fait en marchant »). Nous voulions simplement ouvrir un chemin de résistance afin de redonner du courage à une profession dont le métier est au cœur de la vitalité démocratique – car au service de deux de ses droits fondamentaux : le droit de savoir et la liberté de dire – quand s'amoncelaient les nuages avertisseurs des orages à venir. C'était l'époque des crises d'indépendance des deux seuls quotidiens nationaux encore économiquement contrôlés par leurs équipes, *Le Monde* et *Libération*, qui allaient bientôt tomber dans l'escarcelle d'industriels extérieurs aux métiers de l'information. La suite est connue : l'immense majorité des médias privés français est désormais entre les mains de ces industriels, notamment du luxe, de l'armement et de la téléphonie, généralisant ainsi cette « presse d'industrie » contre laquelle mettait en garde le fondateur du *Monde*, Hubert Beuve-Méry, cette presse qui fait toujours en sorte qu'on ne touche jamais aux intérêts de ses actionnaires[1].

---

1. Hubert Beuve-Méry, « Du *Temps* au *Monde* ou la presse et l'argent », Les conférences des Ambassadeurs, 24 mai 1956. La « presse d'industrie » est cette presse où « il suffit que l'information n'aille pas porter quelque préjudice à des intérêts très matériels et très précis ou, à l'occasion, qu'elle les serve efficacement ».

Mais, au-delà des spécificités françaises, celles d'une presse structurellement fragile, sous perfusion de subventions étatiques et sous dépendance de mécènes intéressés, s'il est un secteur que la révolution numérique a radicalement bouleversé à l'échelle du monde, c'est évidemment celui de l'information, plongé dans une crise aussi durable que profonde. D'abord, ses professionnels ont perdu leur monopole : les journalistes sont concurrencés par la libre expression des réseaux sociaux, la pertinence de leur travail est contestée par l'expertise citoyenne, la perte de confiance avec le public s'accroît, la contestation populaire des médias grandit et les lanceurs d'alerte bousculent le conformisme médiatique. Ensuite, ses entreprises ont perdu leur superbe : rachats et concentrations se sont multipliés, livrant le secteur à des intérêts privés, augmentant ainsi les conflits d'intérêts et mettant à mal l'indépendance des rédactions, tandis que la domination sans frontières des géants mondiaux de l'industrie numérique semble irréversible. Surtout, sa matière première a perdu de sa valeur : dévaluée par le modèle économique de la gratuité publicitaire qui s'est imposé sur le Net, la production de vérités factuelles est concurrencée par l'affrontement des opinions et des préjugés, la réalité devenant dès lors relative et cédant la place aux émotions et aux sentiments, parmi lesquels les peurs et les haines.

Tel est le contexte général de cette décennie durant laquelle Mediapart s'est affirmé comme étant résolument à part, son invention ne relevant pas de l'imitation, encore moins du plagiat, puisqu'il n'avait ni précédent ni modèle. Journal tout à la fois numérique, indépendant, participatif et payant, nous l'avions conçu comme l'on imagine un prototype en laboratoire afin de vérifier des hypothèses et de valider une démonstration. En l'occurrence, le prototype de ce que pourrait être une nouvelle presse de qualité au siècle de l'ère digitale, celui d'une information sans frontières, échangée et partagée dans l'horizontalité inédite d'un espace public démultiplié dont professionnels et amateurs, journalistes et citoyens, reconnus ou anonymes, sont tous ensemble acteurs. Notre but était précisément de défendre la valeur, dans toutes ses dimensions, celle de notre métier comme celle des finalités qui le légitiment : valeur de l'information, valeur de l'enquête, valeur du journalisme, valeur du participatif, valeur de la démocratie, valeur d'un public, valeur d'une entreprise, etc. C'est ainsi que, paradoxalement, nous ne cherchions pas tant à réussir qu'à démontrer : prouver que, sur Internet, ses divers supports et ses multiples réseaux, la presse pouvait renouer avec le meilleur de sa tradition et parvenir à vivre du seul soutien de ses lecteurs.

Si nous avons pu paraître donneurs de leçons, c'était le malentendu que peut créer l'insolence de la liberté et l'arrogance du bonheur. Liberté insigne de faire notre métier comme nous l'entendions, sans autres contraintes que celles que nous nous donnions collectivement.

Bonheur enthousiaste de s'engager autour d'un idéal partagé, en l'occurrence cette conviction radicalement démocratique que, sans information libre, rigoureuse et pluraliste, sans respect du droit à être informé comme liberté fondamentale, les citoyens sont des aveugles qui peuvent voter pour leur pire ennemi ou leur pire malheur, prisonniers des propagandes ou des idéologies dont les avatars contemporains, *alternative facts* (faits alternatifs) et *post-truth* (post-vérité), assument sans vergogne de vouloir remplacer la vérité par le mensonge[1]. Joie collective aussi de soulever des lièvres – et quels lièvres ! – dans l'espoir tenace que la société se mobilise pour les attraper.

En dix ans, Mediapart aura imposé dans le débat public nombre de questions ignorées ou de sujets délaissés, de la fraude fiscale au harcèlement sexuel en passant par la corruption mafieuse. Combien de batailles a-t-il fallu mener, sans faiblir, pour imposer des informations d'intérêt public que l'essentiel des médias dédaignaient ou contestaient ! Se souvient-on encore du discrédit jeté par certains d'entre eux, et non des moindres, sur notre reprise, en 2010, des enregistrements de l'affaire Bettencourt ? Sans parler de ceux qui nous réclamaient, fin 2012 et début 2013, des « preuves » dans l'affaire Cahuzac en refusant d'admettre la solidité des faits

---

1. Cet enthousiasme bravache inspire notre Manifeste, publié en 2009, *Combat pour une presse libre*. Il est intégralement repris ici, page 113.

que nous avions mis au jour. Et que dire de notre long combat solitaire dans l'affaire libyenne, qui met en cause l'ancien président de la République Nicolas Sarkozy ? Sept bonnes années d'une enquête, commencée à l'été 2011, dont quatre de procédure judiciaire face à l'accusation ignominieuse de « faux et usage de faux », pour que le reste de la profession commence, enfin, à prendre en considération l'ampleur du scandale et la véracité de nos révélations. Emblématiques de la décennie Mediapart, ces trois affaires montrent aussi combien, à armes inégales, il a fallu que nous nous battions sur le terrain judiciaire pour imposer la légitimité et le sérieux de nos informations[1].

En somme, nous voulions d'abord faire au mieux notre métier et avoir cette satisfaction de l'ouvrage bien fait. Le succès est venu de surcroît, au point de me sembler aujourd'hui un embarras, maintenant que le plaisir de la conquête s'éloigne. Car cette réussite solitaire d'un média à part aiguise les désirs de revanche de tous ceux qu'elle a dérangés ou contredits, bousculés ou démentis, exaspérés ou démasqués. Ils sont nombreux, et c'est compréhensible, puisque, en réhabilitant l'investigation comme le cœur du métier – ou, plus simplement, l'enquête, cette quête de la nouvelle inédite qui, parce

---

1. J'ai repris, en annexes, trois articles qui résument les enjeux et les défis de ces trois affaires qui ont marqué l'aventure de Mediapart (voir p. 187, 209, 225). Fabrice Arfi et Fabrice Lhomme sont les auteurs des révélations de l'affaire Bettencourt ; Fabrice Arfi a mené seul l'enquête de l'affaire Cahuzac ; Fabrice Arfi et Karl Laske suivent ensemble la piste libyenne depuis l'été 2011.

qu'elle surprend, réveille et éveille – Mediapart n'a cessé, par ses révélations tous azimuts, de faire grossir l'armée de ses détracteurs, sur tout l'éventail politique et dans tous les milieux économiques. On ne peut pas se vouloir Robin des Bois du journalisme, revendiquer de prendre aux puissants des informations qu'ils cachent afin de les livrer au peuple, qui a le droit de les connaître, et s'étonner ensuite d'avoir quelques shérifs et nombre de mercenaires à ses trousses.

Voici donc venu le temps des adversités cumulées où certains s'activent à nous faire trébucher, montant de faux procès ou lançant d'improbables cabales, tandis que d'autres les laissent faire, par intérêt ou par indifférence. Pourquoi s'en plaindre tant ce n'est que la rançon, sinon de la gloire, du moins de l'exploit ? Autant le misérable de Gauguin, faisant pitié, peut espérer des solidarités, autant le succès de Mediapart, qui, à l'inverse, fait envie plutôt que pitié, l'empêche d'invoquer la fragilité ou la faiblesse pour rameuter les soutiens. Il faut donc faire face, et cet essai en forme de premier bilan voudrait convaincre ses lectrices et ses lecteurs qu'il ne s'agit pas tant de défendre un journal que de sauvegarder un principe.

De nos jours, sous toutes latitudes, la haine du journalisme ne s'est jamais aussi bien portée. Dans des contextes politiques différents, l'États-Unien Donald Trump, le Turc Recep Erdogan, le Russe Vladimir Poutine, le Chinois Xi Jinping, l'Israélien Benjamin

Netanyahou, pour ne citer que les symboles internationaux les plus notables d'une tendance générale aux replis autoritaires et identitaires, partagent leur détestation de cette liberté irréductiblement indocile qu'incarne un journalisme digne de ce nom, c'est-à-dire fidèle à sa mission première, le service exclusif du public et de son droit de savoir. Dans ce registre, leurs semblables français sont légion, dans une diffusion transpartisane d'un illibéralisme tricolore[1] plus soucieux d'ordre que de liberté, adepte d'institutions verticales plutôt que d'une démocratie délibérative, préférant l'uniformité au pluralisme, tout comme il ne se résout pas à admettre la diversité de notre peuple, la pluralité de ses cultures, la dignité de ses minorités.

S'alarmant du possible surgissement de nouvelles tyrannies modernes, à force de dépossession démocratique et de prévarication oligarchique plongeant les peuples dans l'impuissance et les livrant au ressentiment, l'historien américain Timothy Snyder nous enjoint de « croire à la vérité ». « Abandonner les faits, écrit-il, c'est abandonner la liberté. Si rien n'est vrai, nul ne peut critiquer le pouvoir faute de base pour le faire. Si rien n'est vrai, tout est spectacle. Le portefeuille le

---

1. Dans une communication sur les « Fondements et problèmes de l'"illibéralisme" français », Pierre Rosanvallon le définit ainsi : « On peut caractériser en une première approximation l'illibéralisme de la culture politique française par sa vision moniste du social et du politique ; une de ses principales conséquences étant de conduire à une dissociation de l'impératif démocratique et du développement des libertés. » (Académie des sciences morales et politiques, 15 janvier 2001).

mieux garni paie les lumières les plus aveuglantes[1]. »
L'avènement de ce nouvel âge démocratique qu'appelle
la révolution numérique n'est donc en rien garanti.
Tout au contraire, l'innocence pionnière cède le pas
à une inquiétude salutaire. Les promesses libératrices
– horizontalité, participation, délibération, transparence,
autonomie, accessibilité, partage et échange… – ne sont
pas seulement mises à rude épreuve : plus essentiellement, elles affrontent le risque d'une contre-révolution
qui donnerait la main aux plus forts et aux plus riches,
c'est-à-dire aux États qui surveillent et aux financiers
qui spéculent, avec pour allié commun des techniques
asservies à leur pouvoir et à leur avidité, au lieu d'être
mises au service d'une extension et d'un approfondissement de la démocratie.

La jeune et brève histoire de Mediapart fait partie
de ces nombreuses volontés citoyennes qui résistent à
ce sombre scénario, refusant l'inéluctabilité de cette
régression sans, pour autant, l'exclure. Si novatrice
soit-elle, ce n'est sans doute qu'une contribution parmi
d'autres. Mais j'ai voulu en tirer quelques enseignements
utiles à toutes les bonnes volontés qui cherchent les
voies d'une refondation démocratique de l'écosystème
médiatique en inventant des réponses nouvelles à la
crise d'indépendance et de qualité de l'information.

---

1. Timothy Snyder, *De la tyrannie. Vingt leçons du XXᵉ siècle*, Gallimard, 2017,
   p. 53.

Mon seul souci est que nous soyons à la hauteur du défi que doivent affronter nos démocraties, qui, à force de se laisser dépérir, prennent le risque de se renier.

Car la défaite du journalisme annonce toujours le recul de la liberté.

1.

La liberté est un combat

Mesdames et messieurs du tribunal de l'identité nationale, tout journaliste digne de ce nom est un mauvais
Français qui s'ignore. Prenez celui-ci. Une vedette reconnue, aucunement un dissident. Sinon un conservateur,
du moins un modéré. Pas du tout révolutionnaire, même
pas radical. Soucieux de sa bonne réputation, peu porté
sur la polémique, d'abord préoccupé des hauts tirages
et des fortes audiences garantis par son nom et son
talent. Et pourtant...

Parti en reportage, ce Français dans l'âme, convaincu
des bienfaits civilisateurs de la Grande Nation, persuadé
que la France élève à elle seule la beauté du monde, a
soudain prétendu découvrir l'ordinaire d'un mensonge.
Non plus les idéaux de « Liberté, Égalité, Fraternité »,
mais leur trahison. Non pas la République des droits de
l'homme, mais son démenti. Et, du coup, sous prétexte
de bien faire son travail, il s'est mis à raconter des fari-
boles, au risque de nuire au drapeau tricolore. Précieuse
pièce à conviction pour les dénonciateurs de traîtres
à la nation et autres chasseurs d'agents de l'étranger,

l'ouvrage qui atteste de son entreprise anti-française, de sa malfaisance et de sa turpitude commence par ces lignes : « Voici un livre qui est une mauvaise action. Je n'ai plus le droit de l'ignorer. On me l'a dit. Même, on me l'a redit. » Confirmant l'absence de circonstances atténuantes, cet aveu bravache, mesdames et messieurs du tribunal, ne témoigne-t-il pas d'un entêtement coupable dans le dénigrement antinational ?

Jugez-en, car voici la suite, qui témoigne d'une audace sans nom et, sans doute, d'une infiltration par des idées étrangères à l'âme française, d'une incompréhension foncière de cette inimitable « pensée française » dont, en 2009, un président de la République et un Premier ministre n'hésitaient pas à dire que tout Français véritable savait la reconnaître d'instinct. Écoutez, lisez donc ce renégat : « On m'a également appris différentes autres choses : que j'étais un métis, un juif, un menteur, un saltimbanque, un bonhomme pas plus haut qu'une pomme, une canaille, un contempteur de l'œuvre française, un grippe-sous, un ramasseur de mégots, un petit persifleur, un voyou, un douteux agent d'affaires, un dingo, un ingrat, un vil feuilletoniste. Et quant au seul homme qui m'ait appelé maître, il désirait m'annoncer que j'étais plutôt chanteur qu'écrivain. »

Trêve de moquerie... Ces mots sont les premiers de *Terre d'ébène*, le grand reportage d'Albert Londres (1884-1932) sur l'Afrique-Occidentale française (AOF), paru en 1929[1]. Si je les convoque ici, c'est parce qu'ils éclairent la longue durée des avanies, insultes, injures, calomnies et autres vilenies, que doit endurer le journalisme qui accepte de sortir de son confort professionnel et de son conformisme culturel afin d'affronter des vérités qui dérangent, à contre-courant des préjugés dominants, voire à rebours des certitudes de son propre public. Nul hasard, évidemment, si cette référence d'hier fait écho à l'actualité d'un passé qui, en France, ne passe toujours pas : la question coloniale, ses dénis de droits, ses hiérarchies d'humanité, son racisme, ses pillages et ses crimes.

Paru d'abord en feuilleton dans les colonnes du *Petit Parisien*, sous un titre fleurant bon le paternalisme colonial – « Quatre mois parmi nos Noirs d'Afrique » – le grand reportage de *Terre d'ébène* est en réalité un réquisitoire sur la servitude coloniale, le travail forcé, le déni de la justice, l'inégalité instituée, etc. « Tout ce qui porte un flambeau dans les journaux coloniaux est venu me chauffer les pieds », confie Londres. Or c'est dans le même avant-propos de ce livre qu'on trouve la formule devenue célèbre, communément citée par les journalistes pour défendre leur indépendance professionnelle et leur liberté critique : la plume dans la plaie. Rappel qui mérite citation intégrale : « Je demeure convaincu qu'un journaliste n'est pas un enfant de chœur et que

---

1. Chez Albin Michel. Cf. Albert Londres, *Œuvres complètes*, Arléa, 1992.

son rôle ne consiste pas à précéder les processions, la main plongée dans une corbeille de pétales de roses. Notre métier n'est pas de faire plaisir, non plus de faire du tort, il est de porter la plume dans la plaie. »

Entêté, Albert Londres y revient dans l'épilogue, élargissant le propos au-delà du journalisme professionnel pour viser à la responsabilité civique : « Flatter son pays n'est pas le servir, et quand ce pays s'appelle la France, ce genre d'encens n'est pas un hommage, mais une injure. La France, grande personne, a droit à la vérité. » En d'autres termes, quand les tenants des raisons d'État, de nation ou de parti voudraient qu'on cache les plaies tricolores qui les contredisent ou les démasquent, Londres nous dit qu'il ne faut pas se laisser intimider. Et que, tout au contraire, critiquer la France, c'est l'aimer. La vouloir, la revendiquer, l'exiger. Et ne pas supporter qu'on la critique, c'est, à l'inverse, la déserter. Oui, il y a une façon très française de vouloir la France qui est toute de réclamation, d'inquiétude et d'ambition. Entier, ce désir-là est impétueux. Ses critiques sont d'élévation. Rien à voir avec les refrains du déclin, ces déplorations d'amertume, ces lamentos d'aigreur. Ceux qui les entonnent disent leur perte de confiance dans leur pays et dans son peuple, au point de rabaisser le premier et de redouter le second.

C'est cela, la France de Londres, qu'il s'agisse du patronyme devenu canonique d'un reporter ou de l'appellation d'une ville étrangère qui, autour de Charles de Gaulle, abrita de 1940 à 1944 une France libre déchue de sa nationalité. Contre les nécroses nationaliste et identitaire, elle défend une certaine idée de ce pays, toute de hauteur et d'exigence, et, par conséquent, d'ouverture à la diversité des mondes et des humanités. Mais, ce faisant, elle se dresse contre le recul des libertés, qui est inséparable de ces nécroses, cet appel récurrent à ne pas tolérer la dissidence et la différence au point d'initier une nouvelle chasse aux sorcières, d'interdit professionnel et d'invisibilité publique des pensées et des personnes non conformes au dogme de ces nouveaux maccarthystes. Mediapart en sait quelque chose qui, à l'automne 2017, fut la cible de cette injonction fort peu démocratique d'un ancien Premier ministre, proférée à l'adresse d'un journal qu'il résumait par une délicate formule, « Plenel et ses sbires » : « Je veux qu'ils reculent, je veux qu'ils rendent gorge, je veux qu'ils soient écartés du débat public[1] ».

Faut-il que nos temps soient égarés, incertains et obscurs, pour que des personnalités ne se réclamant pas de forces extrémistes et osant se prétendre républicaines en arrivent ainsi à piétiner notre Constitution, si démocratiquement imparfaite soit-elle. Le pluralisme de la presse fait en effet explicitement partie de nos principes constitutionnels depuis une décision rendue

---

1. Manuel Valls, le 15 novembre 2017. Plus de précisions sur le contexte de cette déclaration de l'ancien Premier ministre (du 31 mars 2014 au 6 décembre 2016) dans « De quoi Mediapart est-il le nom ? », p. 233.

le 11 octobre 1984 par le Conseil constitutionnel, saisi
d'une loi visant à limiter la concentration et à assurer la
transparence financière et le pluralisme des entreprises
de presse. En voici l'exposé : « Considérant que le pluralisme des quotidiens d'information politique et générale
auquel sont consacrées les dispositions du titre II de la loi
est en lui-même un objectif de valeur constitutionnelle ;
qu'en effet la libre communication des pensées et des
opinions, garantie par l'article 11 de la Déclaration des
droits de l'homme et du citoyen de 1789[1], ne serait pas
effective si le public auquel s'adressent ces quotidiens
n'était pas à même de disposer d'un nombre suffisant
de publications de tendances et de caractères différents ;
qu'en définitive l'objectif à réaliser est que les lecteurs
qui sont au nombre des destinataires essentiels de la
liberté proclamée par l'article 11 de la Déclaration de
1789 soient à même d'exercer leur libre choix sans que
ni les intérêts privés ni les pouvoirs publics puissent y
substituer leurs propres décisions ni qu'on puisse en
faire l'objet d'un marché. »

Si d'aventure, mauvais élèves de la République, des
politiques liberticides faisaient encore démocratie buis-
sonnière, le Conseil constitutionnel leur offre sur son
site une explication de texte limpide, sous la plume

---

1.   « La libre communication des pensées et des opinions est un des droits les
     plus précieux de l'homme ; tout citoyen peut donc parler, écrire, imprimer
     librement, sauf à répondre de l'abus de cette liberté dans les cas déterminés
     par la loi. »

d'un universitaire : « Le pluralisme est, par conséquent, un objectif à valeur constitutionnelle assurant l'effectivité de la liberté affirmée ; il ne sert, en effet, à rien, dans un régime démocratique, d'assurer la liberté de s'exprimer s'il n'y a qu'un discours tenu au public[1]. » Mise en garde à méditer tant notre époque troublée fait craquer le vernis démocratique de certains protagonistes du débat public, au point qu'ils en viennent à défendre l'une des principales dispositions attentatoires aux libertés fondamentales, si longtemps combattue par les républicains : l'autorisation préalable. Ou plutôt l'interdiction préalable.

Ces dernières années, qu'il s'agisse de réunions publiques, de manifestations de rue ou de colloques universitaires, voire de personnalités dissidentes[2], ces démocrates de peu de consistance prennent de plus en plus souvent prétexte d'arguments sécuritaires pour interdire l'expression des opinions qu'ils désapprouvent. En termes de philosophie politique, c'est un renversement complet qui nous ramène aux heures les plus archaïques d'un conservatisme a-démocratique dont la droite n'a pas le monopole, la gauche l'ayant aussi assumé, notamment quand le stalinisme communiste

---

1. Bertrand de Lamy, « La Constitution et la liberté de la presse », *in Nouveaux Cahiers du Conseil constitutionnel*, n° 36, juin 2012.
2. Fin 2017, la militante féministe et antiraciste Rokhaya Diallo fut exclue du Conseil national du numérique, instance consultative supposée indépendante du gouvernement, sous prétexte de prises de position passées. Illustration d'un nouveau maccarthysme, cette chasse aux sorcières mal-pensantes a entraîné la démission de la presque totalité des membres du CNNum.

imposait son intolérance ou quand des pouvoirs socialistes menaient les guerres coloniales. Laisser faire l'interdiction préalable, c'est mettre fin à un droit fondamental : l'expression libre, sans condition ni réserve, des opinions, fussent-elles dissidentes ou dérangeantes. Si, par malheur, ces opinions blessent d'autres droits fondamentaux, laissant libre cours à la violence et à la haine, elles devront en rendre compte a posteriori, devant la justice, par l'arme du droit, et non pas en tombant sous le couperet arbitraire de l'interdit préalable.

Accepter que la liberté d'opinion soit soumise au bon vouloir du pouvoir politique et, par conséquent, de l'idéologie dominante du moment, c'est faire droit à un régime d'orthodoxie où la seule pensée autorisée serait celle qui ne bousculerait pas l'ordre existant, ses injustices et ses dénis. Visant au temps de leur écriture la gauche intellectuelle alignée sur l'Union soviétique, silencieuse par aveuglement idéologique sur les crimes du totalitarisme stalinien, les mises en garde de George Orwell, l'auteur de *1984* et d'*Animal Farm (La Ferme des animaux)*, prennent soudain une actualité nouvelle. « L'un des phénomènes propres à notre époque est le reniement des libéraux », écrit-il dans la préface inédite à *Animal Farm*[1], « libéraux » étant ici entendu dans son sens anglo-saxon, progressiste, de défenseurs radicaux

---

1. George Orwell, *Essais, articles, lettres*, volume III (1943-1945), p. 509-519, Éditions Ivrea-Éditions de l'Encyclopédie des Nuisances, 1998.

des libertés individuelles. Tout le propos de ce texte, qui ne fut exhumé qu'en 1995, soit cinquante ans après sa rédaction, est une réfutation de la tentation autoritaire au sein d'une gauche bien-pensante, convaincue qu'elle défend le bien véritable, et qui, du coup, se résout sans états d'âme à éliminer les pensées contraires, assimilées à un mal qu'il faudrait éradiquer.

« En d'autres termes, écrit Orwell pour résumer ce basculement, la défense de la démocratie passe par la destruction de toute liberté de pensée. » Car, dans cette logique infernale, les ennemis « ne sont pas seulement ceux qui l'attaquent ouvertement et consciemment, mais aussi ceux qui la mettent "objectivement" en danger en diffusant des théories erronées ». C'est ainsi que, pour avoir simplement refusé qu'au prétexte du terrorisme islamiste et de son idéologie totalitaire, on stigmatise en bloc une population – les musulmans – et qu'on diabolise sans nuance une religion – l'islam[1] – Mediapart s'est vu cloué au pilori, accusé de « complicité intellectuelle » avec les terroristes. La formule, qui assimile un souci de la complexité à une action criminelle, n'est pas sans rappeler les « lois scélérates » de la fin du XIXe siècle, dénoncées en leur temps par le futur leader socialiste Léon Blum, lois qui, par amalgame, rendaient les intellectuels libertaires coupables des attentats anarchistes.

---

1. Voir mon livre *Pour les musulmans*, paru à La Découverte en 2014 (édition revue et augmentée, La Découverte « Poche », 2016). Son point de départ est un article de Mediapart paru sous le même titre le 18 août 2013.

Dans le climat d'inquiétude légitime provoqué par les attentats qui ont frappé, et frapperont peut-être encore, la France, une intolérance vis-à-vis de la démocratie elle-même, de son intensité et de sa vitalité, risque, si nous n'y prenons garde, de s'imposer. L'alarme de George Orwell portait donc bien au-delà de son contexte historique. Nous voici confrontés à cet « esprit de gramophone » qu'il avait su entrevoir dans les servitudes consenties des aveuglements partisans : « Le remplacement d'une orthodoxie par une autre n'est pas nécessairement un progrès. Le véritable ennemi, c'est l'esprit réduit à l'état de gramophone, et cela reste vrai que l'on soit d'accord ou non avec le disque qui passe à un certain moment. »

Qui sait si, demain, cette nouvelle intolérance, ayant l'alibi de l'orthodoxie politique, ne s'en prendra pas à la presse, notamment numérique, moins contrôlable, plus insaisissable, diverse et plurielle ? Comment comprendre autrement cet appel à « écarter du débat public » un journal, en l'espèce Mediapart ? Et comment ne pas s'inquiéter du silence général qui a accueilli cette déclaration, notamment des premiers concernés, journalistes, éditorialistes, journaux et médias de toute sorte ? N'ont-ils pas compris qu'en ne s'alarmant pas de cette transgression inédite ils cautionnaient, par leur abstention, la remise en cause de leur propre liberté, acquiesçant à la négation du droit fondamental qui les légitime ?

« L'imprimerie et la librairie sont libres » : on n'imagine pas combien de batailles et de sacrifices il fallut pour arriver, près d'un siècle après la Révolution française, à cet article 1 de la loi du 29 juillet 1881 sur la liberté de la presse quand, enfin, la République fut de nouveau chez elle en France. Aucune restriction préalable, aucune condition ou contrainte. Cet énoncé, d'une radicalité démocratique profondément libérale, était alors révolutionnaire, et sans équivalent en Europe. Il mettait fin à des décennies d'entraves à la libre expression des idées et à la libre circulation des informations. Désormais, n'importe qui pouvait imprimer afin de diffuser des nouvelles et des opinions. Et, s'il dégradait cette liberté pleine et entière en produisant du n'importe quoi, il devait en rendre compte a posteriori devant la justice, et elle seule. Le droit devenait l'arbitre, tandis que l'État s'effaçait pour que s'affirme un contre-pouvoir indépendant, exprimant la pluralité de la société, de ses attentes et de ses sensibilités.

À chaque épreuve nationale, la tentation existe d'un retour en arrière : invoquer la sécurité pour museler la liberté. Autrement dit, priver la société de sa libre expression pour mieux imposer une idéologie dominante. Qu'il s'agisse de l'Union sacrée et de son bourrage de crâne en 14-18[1] ou de la censure durant les guerres coloniales notamment d'Algérie, de 1954 à 1962[2], l'Histoire nous avertit pourtant des aveuglements désastreux

---

1. Albert Londres, *Contre le bourrage de crâne*, Arléa, 2008.
2. *La Plume dans la plaie. Les écrivains journalistes et la guerre d'Algérie*, édition préparée par Philippe Baudorre, Presses universitaires de Bordeaux, 2003.

produits par des politiques se défiant de leurs peuples. Si lointaines soient-elles, les épreuves du passé devraient suffire à nous mettre en garde. Après celle de la collaboration avec l'occupant nazi, la première Assemblée nationale constituante, qui siégea de novembre 1945 à juin 1946, fut ainsi amenée à débattre de l'autorisation préalable en matière de presse, certains parlementaires de gauche étant tentés de maintenir cet instrument de contrôle étatique, au-delà de la période révolutionnaire de la Libération qui entraîna l'expropriation des propriétaires compromis, et cela non sans bonne raison face à la perdition de nombre de journaux sous l'Occupation.

« L'autorisation préalable, c'est l'arme de la réaction » : telle fut la réponse d'un politicien pourtant bien peu radical, même s'il fut une figure du parti du même nom, Édouard Herriot, symbole du radicalisme lyonnais, qui finira président de l'Assemblée nationale de 1947 à 1954. « Le régime de l'autorisation préalable, au cours de notre histoire, a été pratiqué par tous les régimes réactionnaires et combattu par tous les régimes libéraux et républicains », déclarait-il dans un discours du 13 mars 1946, n'hésitant pas à parler de « régime d'infamie ». Convoquant une longue mémoire républicaine, Herriot rappelait que les Trois Glorieuses, ces journées de soulèvement populaire de juillet 1830, se dressèrent contre des ordonnances portant atteinte à la fragile liberté de la presse sous la Restauration, avec notamment le rétablissement de l'autorisation préalable, c'est-à-dire de l'aval du pouvoir sur ce qu'il est possible de dire ou non et, de surcroît, sur qui a le droit ou non de le faire savoir. Le peuple, résumait-il, « ne pouvait pas admettre qu'on lui présentât des nouvelles de commande, des nouvelles approuvées et revues par le gouvernement[1] ».

Nous n'en sommes pas là bien sûr, du moins pas encore, tant la formule précitée – « Je veux qu'ils soient écartés du débat public » – ne laisse guère de doute sur l'intention de son locuteur. L'avertissement n'en est pas moins utile : nos libertés ne sont jamais définitives, toujours en risque de rechute, toujours enjeu d'un combat. S'agissant de la liberté de la presse, d'information et d'expression, c'est d'autant plus vrai dans un pays, la France, dont la culture politique dominante, aussi bien à gauche qu'à droite, entretient, depuis les premiers débats révolutionnaires, un rapport de défiance vis-à-vis d'un droit fondamental qui lui semble un désordre potentiel.

Issue des laborieux débats de l'été 1789, sa première formulation dans l'article 11 de la Déclaration des droits de l'homme et du citoyen s'accompagne d'un « sauf » restrictif qui ne vaut que dans ce cas d'espèce, les autres libertés n'ayant d'autres limites que leur confrontation à

1. Sur ce débat parlementaire, voir le tome 4 (de 1940 à 1958) de l'*Histoire générale de la presse*, PUF, 1975, p. 332. Le premier projet de Constitution qui en résulta fut rejeté par référendum en mai 1946, avant l'approbation, en octobre, de la nouvelle Constitution de la Quatrième République, dont le préambule, renvoyant à la Déclaration des droits de l'homme de 1789, proclame les libertés fondamentales. Il est repris en introduction de la Constitution de la Cinquième République.

d'autres droits, comme l'énonce au préalable l'article 4 :
« La liberté consiste à pouvoir faire tout ce qui ne nuit
pas à autrui : ainsi, l'exercice des droits naturels de
chaque homme n'a de bornes que celles qui assurent
aux autres Membres de la Société la jouissance de ces
mêmes droits. Ces bornes ne peuvent être déterminées
que par la Loi. » Or seule la « libre communication
des pensées et des opinions », alors même qu'elle est
considérée comme l'« un des droits les plus précieux
de l'Homme », se voit formulée avec une réserve explicite : « Tout Citoyen peut donc parler, écrire, imprimer
librement, sauf à répondre de l'abus de cette liberté
dans les cas déterminés par la Loi. » Un « sauf » qui
n'en finit pas de réclamer son dû.

Ce n'est pas le lieu, ici, de retracer les récurrents
débats sur la liberté de la presse de l'immédiat après-
1789, où s'exprime déjà la tentation de l'encadrer et
de la contrôler face à cette imprévisible « révolution
du journal[1] » dont les bouillonnantes « nouvelles à la
main », gazettes recopiées plutôt qu'imprimées, faute
de moyens, étaient l'équivalent de nos blogs contemporains, expression libre du « n'importe qui » citoyen.
Mais, pour en résumer la tension, il suffit de rappeler la formulation autrement audacieuse choisie par
la seconde Déclaration des droits de l'homme et du

---

1. Jeremy Popkin, *La Presse de la Révolution. Journaux et journalistes (1789-1799)*,
    Odile Jacob, 2011, et *La Révolution du Journal : 1788-1794*, textes présentés
    par Pierre Rétat, Éditions du CNRS, 1989.

citoyen qui, quatre ans après la première, introduit la Constitution du 24 juin 1793, celle de l'An I de la République – Constitution qui n'eut pas le temps d'entrer en vigueur. Il s'agit de son article 7 : « Le droit de manifester sa pensée et ses opinions, soit par la voie de la presse, soit de toute autre manière, le droit de s'assembler paisiblement, le libre exercice des cultes, ne peuvent être interdits. – La nécessité d'énoncer ces droits suppose ou la présence ou le souvenir récent du despotisme. » Cette fois, aucune réserve ni restriction, tout au contraire, l'affirmation d'une évidence, soulignée par la dernière phrase. Une évidence qui associe, irréductiblement, liberté de la presse (liberté d'opinion, d'expression, d'information), liberté de réunion et liberté de croyance.

Le francocentrisme de nos débats intellectuels et politiques a pour conséquence qu'il n'est jamais souligné combien cet énoncé est, en réalité, une adaptation de l'anglais au français du Premier amendement de la Constitution des États-Unis d'Amérique, adopté avec la Déclaration des droits le 15 décembre 1791, soit un an et demi avant l'énoncé républicain de 1793. Cet amendement a en effet pour particularité de lier ensemble les trois mêmes libertés : celles de s'exprimer, de croire et de se réunir, bref, de défendre sa propre opinion, fût-elle minoritaire ou contestataire. « Le Congrès, énonce-t-il, n'adoptera aucune loi relative à l'établissement d'une religion, ou à l'interdiction de son libre exercice ; ou

EDWY PLENEL

pour limiter la liberté d'expression, ou de la presse ;
ou le droit des citoyens de se réunir pacifiquement, ou
d'adresser au Gouvernement des pétitions pour obtenir
réparations des torts subis[1]. »

J'aime penser que ce va-et-vient transatlantique d'une
révolution à l'autre, l'américaine et la française, a eu
pour passeur un citoyen de plusieurs mondes, protagoniste de la contestation démocratique de la monarchie
britannique, avant de devenir le principal publiciste des
insurgés de la colonie nord-américaine, puis d'épouser passionnément la cause républicaine française, ce
qui lui vaudra d'être citoyen français et député à la
Convention en 1792 – donc témoin et acteur de ses
débats en 1793. Il s'appelait Thomas Paine, et le nom
de cet internationaliste est, de nos jours, trop oublié[2].
Paine, qui survivra à la Terreur, ne rentrera aux États-
Unis qu'en 1802. Ce qui lui laissera le temps de jauger

1. Version originale : « Congress shall make no law respecting an establishment of religion, or prohibiting the free exercise thereof ; or abridging the
freedom of speech, or of the press ; or the right of the people peaceably to
assemble, and to petition the Government for a redress of grievances. »
2. Lors du Bicentenaire de la Révolution française, la Ligue des droits de
l'homme a organisé, le 8 juin 1989, une journée d'hommage à Thomas
Paine, dont elle demanda, à cette occasion, la « panthéonisation ». Les actes
de ce colloque ont été publiés dans une édition bilingue français-anglais
(*Thomas Paine, citoyen du monde – Thomas Paine, citizen of the world*,
préface de François Mitterrand, Éditions Creaphis, 1990). Lire aussi Malou
Julin, *Thomas Paine. Un intellectuel d'une Révolution à l'autre (1737-1809)*,
Éditions Complexe, 2004. On doit aussi à Howard Fast, figure du journalisme
progressiste américain, une biographie romancée de Paine (*Citizen Tom
Paine*, Duel, Sloan and Pearce, New York, 1943, traduit en français sous
le titre *Tom Paine, le solitaire des révolutions*, Éditions Hier et Aujourd'hui,
Paris, 1948).

le futur empereur Napoléon Ier, refusant de céder aux avances intéressées d'un Premier consul dont il avait deviné les intentions autoritaires.

Drôle de pays tout de même que le nôtre, qui continue de célébrer, sous prétexte de l'homme d'État, l'un des pires ennemis des libertés, et notamment de la liberté de la presse – sans oublier, ô combien, le rétablissement par Bonaparte de l'esclavage, aboli par la Révolution, qui l'avait même déclaré « crime de lèse-humanité ».

« La presse, confiera l'empereur déchu à Sainte-Hélène, doit, entre les mains du gouvernement, devenir un puissant auxiliaire pour faire parvenir dans tous les coins de l'Empire les saines doctrines et les bons principes. L'abandonner à elle-même, c'est s'endormir à côté d'un danger[1]. » Même aux pires temps de la Terreur révolutionnaire, il y eut plus de journaux d'opinions diverses que sous l'Empire, qui, en vérité, n'en connaissait qu'un, l'officiel, décliné sous divers atours. « Si je lâche la bride à la presse, je ne resterai pas trois mois au pouvoir », disait Napoléon juste après son coup d'État du 18 brumaire an VIII (9 novembre 1799). On n'en finirait pas de citer le premier des Bonaparte sur ce sujet, tant sa détestation de la presse disait sa haine de la liberté, sauf si elle se mettait à son service. Cette lettre à Joseph Fouché, son ministre de l'Intérieur, par

---

1. Jean-Paul Bertaud, *La Presse et le Pouvoir, de Louis XIII à Napoléon Ier*, Perrin, 2000, p. 86-90.

exemple : « Réprimez un peu les journaux. Faites-y mettre de bons articles. Faites comprendre aux rédacteurs des *Débats* et du *Publiciste* que le temps n'est pas éloigné où, m'apercevant qu'ils ne sont pas utiles, je les supprimerai avec tous les autres, et je n'en conserverai qu'un seul. [...] Le temps de la Révolution est fini, et il n'y a plus en France qu'un seul parti. Je ne souffrirai jamais que les journaux disent ni fassent rien contre nos intérêts[1]. »

Si je convoque l'à présent de ce passé lointain, c'est pour souligner combien la conception de la liberté de la presse et de l'indépendance du journalisme qu'a voulu défendre Mediapart, avec une intransigeance que les accommodants et les opportunistes ont souvent caricaturée en sectarisme ou en dogmatisme, ne va tout simplement pas de soi, notamment en France. Que sous trois présidences, celle de Nicolas Sarkozy, de François Hollande, puis d'Emmanuel Macron, notre journal se soit dressé avec constance contre le présidentialisme français, ce monarchisme républicain qui prolonge le césarisme bonapartiste[2], n'est donc qu'intérêt bien compris : lucidité plutôt qu'audace, réalisme plutôt qu'idéalisme, cohérence plutôt que surenchère. Cette simple conviction, au fond, que cet archaïsme politique,

---

1. Jean-Noël Jeanneney, *Une histoire des médias, des origines à nos jours*, Le Seuil, 1996, p. 87-88.
2. Edwy Plenel, *Le Président de trop. Vertu de l'anti-sarkozysme, vice du présidentialisme*, Don Quichotte, 2011.

si tenace alors qu'il n'a cessé de dévitaliser notre démocratie en réduisant la volonté de tous au pouvoir d'un seul, est l'adversaire farouche d'une presse libre. L'appel récent à nous bannir de l'espace public n'est donc que l'expression la plus virulente et la plus explicite d'une sourde détestation, sinon d'une haine rentrée, de cette vision radicalement démocratique du journalisme professionnel qu'a toujours cherché à défendre Mediapart : de sa responsabilité vis-à-vis du public indissociable de la liberté qu'il revendique.

Car, en dix ans d'existence, nous avons eu notre lot de compliments fleuris et de mots doux. Le rapide florilège qui suit veut simplement rappeler que ce n'est pas d'aujourd'hui. « Mediapart, c'est le site qui utilise des méthodes fascistes » (Xavier Bertrand, secrétaire général de l'UMP, 7 juillet 2010). « Mediapart, c'est quoi ? C'est une officine. Au service de qui ? Vous savez très bien, au service de la gauche » (Nicolas Sarkozy, président de la République, 29 avril 2012). « Mediapart est une officine financée par de riches amis de François Hollande » (François Fillon, Premier ministre, 29 avril 2012). « On dit que c'est un journal, Mediapart. C'est une officine merdique qui a du caca sur les mains » (Éric Raoult, député UMP, 30 avril 2012). « Le Parti socialiste condamne fortement les attaques et les calomnies sans fondement à l'encontre de Jérôme Cahuzac » (communiqué du PS, signé Harlem Désir et Karine Berger, 5 décembre 2012). « Si Cahuzac est encore ministre ce matin, c'est grâce à Mediapart, qui refuse de publier les preuves sur son compte en Suisse » (Jean-Michel Apathie, éditorialiste, 10 décembre 2012). « Mediapart a peut-être inventé le journalisme de bûcher » (Bruno Roger-Petit, alors chroniqueur, le 20 mars 2013 – il est devenu en 2017 porte-parole de la présidence de la République française). « Les révélations de Mediapart sont des foutaises » (Bernard Tapie, homme d'affaires, 4 juin 2013). « Mediapart, le site d'information qui donne envie de changer de planète » (Alain Finkielkraut, philosophe de radio, 9 septembre 2014). « Mediapart rompt avec la déontologie journalistique » (Marine Le Pen, présidente du Front national, 9 septembre 2014). « La transparence est une maladie entretenue par les vautours comme Mediapart » (Hubert Vedrine, ancien ministre des Affaires étrangères de gouvernements socialistes, 18 septembre 2014).

Ce n'est là qu'un bref aperçu, et l'on peut facilement trouver, sur Internet, bien pire et plus violent. La philosophe Hannah Arendt nous a donné la clef de ces haines récurrentes : « L'histoire contemporaine est pleine d'exemples où les diseurs de vérité de fait ont passé pour plus dangereux, et même plus hostiles, que les opposants réels[1]. » En l'occurrence, des vérités de fait qui ne suivaient pas la plus grande pente, des

---

1. Hannah Arendt, « Vérité et politique », in *La Crise de la culture*, « Folio », Gallimard, 2005.

révélations qui faisaient bouger les lignes, des informations qui sortaient du cadre. Car, si Mediapart s'est fait connaître et remarquer par ses investigations, c'est surtout parce qu'elles dévoilaient ce qui était ignoré, nié ou caché, imposant dès lors au débat public des priorités nouvelles, bousculant l'agenda convenu des partis et des médias, des politiciens et des éditorialistes.

C'est cette quête-là qui nous vaut des adversités en forme de compliments : une indépendance professionnelle farouche mise au service d'une exigence démocratique radicale. Le plaisir de l'enquête et le goût de la révélation, dont nous ne saurions nier l'attrait, n'ont jamais été des objectifs par eux-mêmes. Nous avons toujours eu le souci de les rapporter à leur intérêt public : donner à voir et à entendre ce que les pouvoirs veulent cacher ou taire. Cet engagement civique par l'instrument du journalisme bouscule des conforts professionnels, notamment la tentation marchande d'une presse faisant grand bruit de tout ce qui, loin de déranger, conforte préjugés, clichés, vulgates et autres automatismes de pensée du moment.

Si Mediapart a été à ce point vilipendé durant sa brève existence, c'est parce que nous ne nous sommes pas contentés de révéler mais que nous avons toujours veillé à ce que ces révélations aient du sens. Fidèles disciples de ce point de vue de Robert Park, ce journaliste de Chicago devenu sociologue au début du siècle dernier, qui estimait qu'« un journaliste en possession de faits est un réformateur plus efficace qu'un éditorialiste qui se contente de tonitruer en chaire », nous avons sans cesse cherché à associer « big news » et « thought news », selon ses mots qui liaient l'importance d'une information à la façon dont elle était aussi pensée[1]. Autrement dit, révéler, dévoiler, démasquer, c'est d'abord chercher à rencontrer son époque, ses attentes inassouvies, ses souffrances ignorées, ses espoirs méprisés, ses promesses inaccomplies, en proposant un agenda original qui, sortant des sentiers battus, invite à une réflexion nouvelle, stimulante et vivifiante.

Qu'il s'agisse de l'évasion fiscale, de la corruption politique, du capitalisme financier, des conflits d'intérêts, des discriminations ordinaires, des immobilismes judiciaires, des ventes d'armes, des paradis fiscaux, de la lutte antiterroriste, des violences sexuelles, des injustices sociales, des bavures policières, du clientélisme parlementaire, des complaisances médiatiques et de tant d'autres sujets, Mediapart a toujours marché sur deux jambes : l'information et l'engagement. Une information qui nous engage, un engagement à travers l'information. Donner à voir, donner à penser. Voir des vérités que l'on n'imaginait pas ou dont on se refusait à prendre la mesure ; penser des réalités à contre-courant de l'opinion dominante ou des préjugés en vogue. Albert Camus, dont, au premier

---

1.   Robert E. Park, *Le Journaliste et le Sociologue*, textes présentés et commentés par Géraldine Muhlmann et Edwy Plenel, coll. « Médiathèque », Le Seuil, 2008.

jour de Mediapart, nous avions convoqué le parrainage en rappelant cet éditorial de *Combat* où il proposait au journalisme d'« élever ce pays en élevant son langage », ne défendait-il pas, lui aussi, un « journalisme d'idées », un « journalisme critique », insistait-il, qui veille autant à la compréhension qu'à l'information[1] ?

En vérité, c'est une vieille histoire, un combat toujours inachevé qu'ont sans cesse porté les tenants d'un idéal républicain indissociablement démocratique et social, en quête d'une République pour tous et de tous, celle de l'égalité des droits, sans discrimination d'origine, de condition, d'apparence, de croyance, de sexe, de genre, etc. « Je me suis souvent figuré un immense livre pour le peuple. Ce livre serait le livre du fait, rien de plus en apparence, et en réalité le livre de l'idée », écrivait ainsi Victor Hugo dans une lettre aux rédacteurs du *Peuple souverain*, le 14 mai 1872, leur recommandant de contribuer à cette « œuvre excellente qui a pour but de condenser le collectif dans l'individuel, et de donner à tout peuple un cœur d'honnête homme, et à tout homme une âme de grand peuple[2] ».

C'est au nom de cet idéal toujours vivant que Mediapart a tenté d'être ce livre numérique du fait et de l'idée. Du fait ignoré et de l'idée indocile.

1. Albert Camus, « Le journalisme critique », *Combat* du 8 septembre 1944, in *Camus à* Combat, « Cahiers Albert Camus », Gallimard, 2002.
2. *Hugo journaliste*, articles et chroniques choisis et présentés par Marieke Stein, GF Flammarion, 2014, p. 299-302.

2.

Le journalisme a un prix

À quoi sert le journalisme ? Posant la question, deux confrères états-uniens y ont apporté une réponse sobre qui me semble, à ce jour, la meilleure définition de la finalité et de l'ambition de ce métier : « La raison d'être du journalisme est d'apporter aux citoyens l'information dont ils ont besoin pour vivre en êtres libres et autonomes[1]. » Ils en ont déduit neuf principes cumulatifs pour bien y parvenir, dont les deux premiers sont évidemment les plus décisifs : l'obligation envers la vérité et la loyauté vis-à-vis du public. Or, loin de se contenter de ces évidences, toujours utiles à rappeler puisque si souvent malmenées,

---

1. « The purpose of journalism is to provide people with the information they need to be free and self-governing. » Bill Kovach, Tom Rosenstiel, *Principes du journalisme. Ce que les journalistes doivent savoir, ce que le public doit exiger*, Gallimard, « Folio Actuel », 2014. Cette traduction française est celle de la première édition américaine, datant de 2001. Une deuxième édition, actualisée et revue, est parue en 2007, suivie d'une troisième en 2014, ajoutant notamment, sous l'impact de la révolution numérique et de ses médias participatifs, un dixième principe sur les droits et les responsabilités des citoyens en matière d'information (Bill Kovach and Tom Rosenstiel, *The Elements of Journalism*, Three Rivers Press, New York, 2014).

ils en affrontent les difficultés, notamment à propos de la vérité.

Suffit-il de dire la vérité des faits pour faire du bon journalisme, nous demandent-ils ? Cette condition, absolument nécessaire, est-elle suffisante pour produire un journalisme à forte valeur ajoutée, marqué par l'ampleur du propos et la profondeur de la perspective ? L'exactitude, cet « élément fondamental sur lequel repose tout le reste », est-elle une fin en soi ou bien doit-elle trouver sa finalité dans le contexte qui lui donnera sens et pertinence : l'angle de l'article, l'originalité de sa narration, la diversité de ses informations, l'interprétation qui les accompagne ? La réponse de Bill Kovach et Tom Rosenstiel est sans appel : « Un journalisme fondé sur la seule véracité des faits rapportés nous laisse sur notre faim. »

Se situant à mille lieues du penchant français pour l'opinion, le commentaire ou le parti pris, ils ne s'éloignent pas pour autant de leur point de départ : la vérité des faits, autrement dit la rigoureuse correspondance à la réalité qui, par-dessus tout, fait du journalisme une discipline de vérification. Mais ils s'efforcent d'en complexifier la signification : pour eux, la vérité doit associer l'exactitude et le sens. Autrement dit, elle est toujours un puzzle qui exige la mise en cohérence des divers éléments rapportés, tout comme les pièces de ces jeux de patience doivent parfaitement s'assembler pour composer l'image finale. En résumé, pas plus qu'une source unique ne garantit un fait vrai, un fait isolé ne rend pas toute la vérité du réel[1].

« La cohérence doit être l'ultime critère de la vérité journalistique », n'hésitent pas à affirmer les auteurs de *Principes du journalisme*, citant un autre journaliste américain, Jack Fuller, auteur d'un essai sur la valeur des nouvelles, *News Values*[2]. À l'appui de leur démonstration, ils exhument un document sans équivalent français, la synthèse des travaux d'une commission indépendante, uniquement composée d'universitaires, constituée en 1942, en pleine Seconde Guerre mondiale, pour réfléchir aux conditions d'une presse libre et responsable à partir du constat, aussi lucide que pessimiste, d'un recul de la liberté et de la qualité des médias[3]. La Commission Hutchins, du nom de son président, soulignait, dans son rapport publié en 1947, que des informations peuvent être « exactes au niveau des faits, mais fausses dans leur substance ». L'un des exemples choisis par la commission n'est pas sans faire écho aux facilités journalistiques d'aujourd'hui dès qu'il s'agit de notre diversité culturelle : elle citait des articles sur des groupes sociaux minoritaires qui, en omettant le contexte des faits rapportés ou en insistant de façon

1. J'ai abordé cette question du rapport du journalisme à la « vérité de fait » dans *Le Droit de savoir* (Don Quichotte, 2013 ; « Points », 2014).
2. Jack Fuller, *News Values. Ideas for an Information Age*, University of Chicago Press, 1996.
3. Commission on Freedom of the Press, *A Free and Responsible Press. A General Report on Mass Communication : Newspapers, Radio, Motion Pictures, Magazines and Books*, University of Chicago Press, 1947.

gratuite sur des éléments raciaux ou ethniques, en venaient à « renforcer des stéréotypes non conformes à la réalité ». La conclusion des universitaires américains plaçait haut la barre d'un journalisme exigeant avec lui-même : « Il ne suffit plus de rapporter *le fait* avec exactitude. Il est désormais nécessaire de rapporter *la vérité sur le fait*[1]. »

Au cœur de la valeur de l'information, il y a donc une quête de sens. Et au cœur de la valeur du journalisme, il y a sa capacité à le chercher en toute indépendance, hors des sentiers battus et loin des idées reçues. Nous voici face au défi qu'a voulu relever Mediapart, dont le choix pionnier d'un modèle économique payant était, dès l'origine, indissociable de notre vision du métier, de sa pratique professionnelle comme de son enjeu démocratique. Nul hasard sans doute – sinon ce « hasard objectif » des surréalistes qui a toujours été le compagnon des enquêteurs chanceux – si j'ai pris connaissance de la version originale du rapport de la Commission Hutchins dans un bureau de l'université de Chicago, alors que nous étions invités, Marie-Hélène Smiejan[2] et moi, à venir y présenter l'exception Mediapart. À l'époque de cette commission sur la liberté de la presse, Robert Hutchins (1889-1977), philosophe de l'éducation, était

1. « It is no longer enough to report *the fact* truthfully. It is now necessary to report *the truth about the fact*. »
2. Cofondatrice de Mediapart, Marie-Hélène Smiejan-Wanneroy en est, depuis sa création, en 2008, la directrice générale.

en effet président de cette université dont, par ailleurs, le susnommé Jack Fuller (1946-2016) fut membre du conseil d'administration.

Chicago donc. Chicago, la ville de Robert Park (1864-1944), passé dans cette même université du journalisme de terrain à la pratique de la sociologie. Chicago où, le 13 avril 2017, nous sommes allés expliquer le « cas » Mediapart dans le cadre d'une session universitaire qui, pour l'heure, n'a jamais eu d'équivalent dans une université française. Nos hôtes n'étaient ni philosophes ni sociologues, mais économistes. Venue d'un établissement dont l'école économique, longtemps incarnée par Milton Friedman[1], est connue pour son ultralibéralisme, cette curiosité pour Mediapart, son modèle et sa réussite, avait de quoi surprendre. Mais l'explication est plus nuancée : en réalité, c'était l'enjeu autant politique qu'économique de la valeur du journalisme qui suscitait l'intérêt de ces universitaires.

Leur point de départ avait été, en octobre 2015, un article de Luigi Zingales dans le *Financial Times* dont le titre était sans ambiguïté aucune : « Une presse forte est

1. Milton Friedman (1912-2006) fut distingué par le prix Nobel d'économie en 1976, que les économistes hétérodoxes préfèrent nommer de sa véritable appellation : « Prix de la Banque centrale de Suède en sciences économiques en mémoire d'Alfred Nobel ». Fondateur de l'École de Chicago, ses idées économiquement libérales, adversaires du keynesianisme et des politiques de relance, favorables aux privatisations et à la déréglementation, ont inspiré nombre de gouvernements conservateurs et réactionnaires (Ronald Reagan aux États-Unis, Margaret Thatcher en Grande-Bretagne, Augusto Pinochet au Chili…) qui, en revanche, n'étaient aucunement libéraux dans le domaine politique, assumant des politiques autoritaires, voire dictatoriales.

la meilleure défense contre le capitalisme de copinage ».
Défendant la nécessité démocratique du journalisme
d'enquête *(investigative journalism)* afin de mettre en
évidence abus de position dominante, monopoles de
pouvoir et concentrations de richesse, ce professeur à
la Business School de l'université de Chicago (Chicago
Booth School of Business) mentionnait alors Mediapart
(qui venait de dépasser le cap des 100 000 abonnés)
comme la démonstration que cette pratique offensive
du métier pouvait trouver son public et sa profitabilité. Assumant un libéralisme économique indissociable
d'un libéralisme politique radical, où l'action de la
société est indispensable à la régulation d'un capitalisme
qui, sinon, est inévitablement sauvage, Luigi Zingales
est directeur du Stigler Center, centre d'études et de
recherches dédié aux interactions entre économie et
politique. Italo-américain, tout autant au fait des débats
économiques européens qu'états-uniens, il se distingue
par des positions souvent iconoclastes, à la fois défen-
seur farouche du libre marché, avocat d'un contrôle
accru des banques et pourfendeur acharné du *crony
capitalism* (capitalisme de copinage), ce « capitalisme
de la barbichette » pour reprendre la formule imagée
de Laurent Mauduit, cofondateur de Mediapart[1]. *Saving
Capitalism from the Capitalists (Sauver le capitalisme
des capitalistes)*, ce titre de l'un de ses livres, paru en

1. Laurent Mauduit, *Petits conseils*, Stock, 2007.

2003[1], résume la piste aussi originale que solitaire qu'il s'efforce d'ouvrir.

On comprend dès lors pourquoi Mediapart l'a intrigué : des journalistes professionnels qui inventent un média en ligne devenu profitable en ne faisant que du journalisme, sans autres recettes que l'abonnement de ses lecteurs et la fidélité de son public. C'est ainsi que nous sommes devenus, sur fond de questionnement général à propos de la crise historique de la presse imprimée, le premier *case study* du Stigler Center, cas d'étude profondément disruptif[2] tant il est à contre-courant des vulgates économiques dominantes. Après une première visite du professeur Zingales dans nos locaux parisiens, Guy Rolnik a pris le relais en compagnie de Dov Alfon. Codirecteur du Stigler Center, Guy Rolnik fut auparavant le fondateur d'un journal économique israélien, *TheMarker*, édité avec le soutien du quotidien *Haaretz*, dont les révélations ont bousculé l'establishment d'Israël, mettant en évidence les effets désastreux, parmi lesquels la corruption, de la concentration du pouvoir et de la

---

1. Raghuram Rajan and Luigi Zingales, *Saving Capitalism from the Capitalists : Unleashing the Power of Financial Markets to Create Wealth and Spread Opportunity*, Crown Business, 2003 ; Princeton University Press, 2004.

2. L'usage immodéré de cette notion par l'actuel président de la République française, Emmanuel Macron, n'empêche pas sa pertinence. Inventé par le publicitaire français Jean-Marie Dru, président mondial de TBWA, le concept de disruption est aujourd'hui enseigné dans les universités. Sommairement, c'est ce qui permet d'échapper aux conventions du moment pour atteindre la vision de demain. Autrement dit, oser se battre à contre-courant, ne pas suivre, se différencier, assumer ses audaces. Cf. Jean-Marie Dru, *Disruption. Briser les conventions et redessiner le marché*, Village Mondial, 1997.

richesse dans les mains de quelques milliardaires. Dov Alfon, quant à lui, connaissait déjà bien Mediapart pour nous avoir aidés dans l'enquête, menée par Fabrice Arfi, sur la mafia du CO_2 dont le principal protagoniste est un proche du premier ministre israélien, Benjamin Netanyahou[1].

Après plusieurs allers et retours, durant lesquels nous avons montré tous nos chiffres, dévoilé tous nos comptes et répondu à toutes les questions, il en est résulté une étude intitulée « Mediapart : un modèle viable ?[2] ». Sous cette prudente formulation, deux interrogations qui, pour l'équipe de notre journal, sont autant de défis à venir : ce succès survivra-t-il au départ des fondateurs et est-il reproductible ailleurs ? Mais, se plaçant sur le terrain strictement économique, le propos principal de l'étude restait l'étonnement devant la rentabilité de Mediapart, dont les profits ne servent qu'à développer ses contenus et à construire son indépendance, puisque notre entreprise ne distribue aucun dividende à ses actionnaires. Bénéficiaire depuis l'année 2011, soit durant sept exercices consécutifs, Mediapart a réalisé en 2017 un chiffre d'affaires de 13,7 millions d'euros, en augmentation de 20 % par rapport à l'année précé-

---

1. Commencée le 15 février 2016, avec un article de Fabrice Arfi intitulé « Le sang de la bourse carbone », cette enquête dévoile la dimension criminelle d'une fraude aux quotas carbone qui porte sur plusieurs milliards d'euros et qui s'est accompagnée de plusieurs meurtres.
2. Cette étude est disponible en ligne en anglais : http://bit.ly/2CJEQT7 et en français : http://bit.ly/2vOZVTV.

dente, et a dégagé un résultat de 2,2 millions d'euros, représentant 16 % du chiffre d'affaires[1].

Lors de la présentation aux étudiants de Chicago, le Stigler Center n'hésitait pas à souligner le contraste entre la profitabilité de Mediapart et celle... du *New York Times* en 2016 (18 % contre 6,5 % en résultat d'exploitation, 16,6 % contre 1,9 % en résultat net), avec ce commentaire : « La rentabilité de Mediapart se détache, même comparé à des homologues plus vieux, plus gros, bien plus établis. » De son côté, Luigi Zingales insistait sur l'enjeu démocratique de ce succès économique : « L'étude se concentre sur un défi très important : comment le journalisme d'investigation peut-il être rentable dans un monde numérique ? Ce n'est pas seulement une question intéressante pour le business, c'est une question très importante de politique publique. Le journalisme d'investigation joue un rôle crucial dans le fonctionnement non seulement de la démocratie, mais aussi du capitalisme lui-même. L'histoire de Mediapart représente une lueur d'espoir pas uniquement pour la France, mais pour le monde entier. »

Devant ces compliments sans doute excessifs, nous avons tenté, avec Marie-Hélène Smiejan, de livrer modestement la recette de Mediapart : « Du journalisme,

---

1. Ce pourcentage était de 9 % en 2011, de 9,5 % en 2012, de 11 % en 2013, de 15,5 % en 2014, de 17,9 % en 2015 et de 17,7 % en 2016.

toujours du journalisme, rien que du journalisme ! »,
telle fut notre réponse après qu'un autre discutant, James
T. Hamilton, professeur de communication à l'université
de Stanford, eut commenté l'étude nous concernant à la
lumière de son dernier ouvrage, *Democracy's Detectives*[1],
vaste et exhaustive enquête sur l'économie du journalisme d'investigation. Sans doute aurions-nous dû
ajouter que le ressourcement numérique de ce journalisme supposait l'invention d'une entreprise de presse
inédite, avec de nouveaux métiers, de nouvelles pratiques, en somme une nouvelle culture. Il faudrait une
autre étude, de sociologie cette fois, pour évaluer, à partir
de Mediapart, les transformations de la profession de
journaliste dans sa relation, constante et directe, aux
autres métiers d'une telle entreprise, de l'informatique
au marketing, de la technique au commercial, etc.

Reste que la clé du succès fut en effet de parier,
d'emblée, sur une offre éditoriale importante, reposant
dès les premiers mois sur une équipe d'une trentaine
de journalistes. « Une information indépendante des
pouvoirs, soucieuse de son public, exigeante dans ses
procédures, innovante dans ses pratiques » : telle était
la promesse faite aux lecteurs, qui supposait d'avoir
les moyens humains de s'imposer par la richesse des
informations, par leur qualité et leur originalité, leur
pertinence et leur exclusivité. Quant à l'engagement pris

---

1. James T. Hamilton, *Democracy's Detectives*, Harvard University Press, 2016.

devant l'équipe, c'était de tenir au moins trois ans – et donc d'avoir les moyens de payer les salaires – dans l'espoir d'atteindre la rentabilité dans ce délai, en faisant en sorte d'avoir assez de capital pour survivre à perte durant cette période de conquête[1].

Mais, durant la discussion de Chicago, j'ai surtout souligné combien le modèle économique a des conséquences sur la valeur du journalisme. Non seulement sur la valeur de l'entreprise qui le produit, mais aussi sur la valeur de l'information elle-même. Pour reprendre la distinction classique entre « valeur d'usage » (l'utilité d'un produit) et « valeur d'échange » (à combien il s'achète), si la valeur d'échange de l'information est de zéro, sa valeur d'usage (c'est-à-dire son utilité démocratique pour le lecteur) finira, elle aussi, par tendre vers zéro. Le résultat final est la corruption de l'information par le divertissement (qui peut inclure le « blablabla » incessant des éditorialistes), dont le modèle économique repose sur une large audience et sur la gratuité publicitaire.

Derrière notre choix du modèle payant, il y avait cette conviction que la gratuité publicitaire était destructrice de valeur. Loin d'être une théorisation a posteriori, nous l'avions formulé dès l'origine, pronostiquant, par

---

1. Lors du lancement de Mediapart, en 2008, nous avions réuni un peu plus de 3,5 millions d'euros, répartis grosso modo en trois tiers (les fondateurs qui mirent leurs économies et s'endettèrent à titre personnel ; quelques dizaines d'amis réunis dans une société confortant le bloc majoritaire d'indépendance du capital ; deux actionnaires extérieurs minoritaires, Jean-Louis Bouchard avec Ecofinance et Thierry Wilhelm avec Doxa).

exemple, que le choix contraire de nos confrères de Rue89, celui du « tout gratuit », non seulement ne leur permettrait pas de survivre économiquement mais entraînerait une banalisation de leurs contenus[1]. J'ai ainsi retrouvé un texte de l'été 2008, écrit quelques mois après notre lancement afin de soutenir la recherche de capitaux supplémentaires pour nous aider à atteindre le point d'équilibre[2]. À presque dix ans de distance, je suis moi-même surpris par la force de la conviction qui nous animait alors, tant elle n'était pas du tout partagée autour de nous, et c'est peu dire. Vers la fin de cette même année 2008, on pouvait ainsi entendre, sur une radio publique, un prétendu expert déclarer à notre propos, sans être contredit : « Si vous considérez que le modèle d'indépendance de la presse, c'est Mediapart, alors, dans ce cas-là, je suis assez inquiet pour la démocratie française. Rassurez-vous, le compte économique de Mediapart réglera assez vite ce problème puisque le modèle choisi par Edwy Plenel est un modèle absurde. La presse sur le Net ne peut être

1. Créé un an avant Mediapart, en mai 2007, en faisant le choix de la gratuité, Rue89 n'a jamais réussi à atteindre l'équilibre avant d'être racheté en décembre 2011 par *Le Nouvel Observateur*, lequel, devenu *L'Obs*, a ensuite été racheté par *Le Monde*. Désormais intégré au site de l'hebdomadaire, Rue89 n'est plus un site indépendant.
2. Réalisée au seuil de l'été 2009, une seconde et dernière augmentation de capital de 2 millions d'euros nous permit de tenir jusqu'à atteindre, fin 2010, le seuil de rentabilité. Un fonds d'investissement, Odyssée Venture, nous a alors accompagnés durant cinq ans, à l'issue desquels nous avons racheté sa participation. Au total, la réussite de Mediapart, bénéficiaire depuis l'année 2011, aura coûté environ 6 millions d'euros.

que gratuite. La presse payante sur le Net ne peut pas marcher[1]. »

Ce n'était pas la première fois et ce ne sera sans doute pas la dernière fois qu'Alain Minc se trompe... Comme souvent, l'ignorance cache sous sa péremptoire suffisance une grande fainéantise. S'il avait pris la peine de nous lire, peut-être aurait-il révisé son jugement. Mais il est vrai que le sujet qui nous mobilise, l'indépendance du journalisme, n'est pas la préoccupation première de notre Cassandre, comme nous avions pu le constater, à nos dépens, lors de la crise du *Monde*, dont il présidait le conseil de surveillance[2]. Voici donc ce que nous écrivions dès 2008, ébauche sans prétention d'une théorie de la valeur de l'information :

« Qui dit gratuité dit audience, donc logique de foule et de masse, souci du plus grand nombre et recherche du plus consensuel. Sur la durée, ce modèle univoque n'est jamais sans conséquence sur les contenus, leur qualité et leur diversité. Il impose des logiques de flux, d'immédiateté et d'instantanéité, bien loin des exigences d'une information fouillée, de qualité et de référence. [...] Pour les sites d'information indépendants, le "tout gratuit" entraînera inévitablement une normalisation économique et une banalisation éditoriale semblables

---

1. Alain Minc dans l'émission « Parlons net ! » de France Info et Rue89, le 10 octobre 2008.
2. Voir le livre que j'ai écrit après mon départ du *Monde*, en 2005, *Procès* (Stock, 2006 ; « Folio », 2007). Lire aussi, de Laurent Mauduit, *Main basse sur l'information*, Don Quichotte, 2016.

à ce qui s'est produit, il y a un quart de siècle, pour les radios libres. Faute de revenus autonomes, ces sites iront de recapitalisation en recapitalisation, de cessions en reventes, jusqu'à la dilution de leurs inventeurs, sans autre vision stratégique que l'adaptation aux tendances dominantes du marché.

« Mediapart ne refuse pas dogmatiquement la gratuité en soi, mais seulement l'illusion économique de la gratuité dans le domaine de l'information de qualité et de référence. Il y a une gratuité sur Internet que Mediapart revendique et assume : c'est celle de l'échange, du partage, de la communauté, du logiciel libre, des liens et des transversalités. Conçu en logiciel libre, Mediapart propose à ses lecteurs abonnés un club dont la lecture est accessible à tous. Seul l'accès au journal est payant, l'abonnement donnant droit à contribuer, commenter, poster, écrire. Une grande partie des contenus de Mediapart sont donc en accès libre et, de plus, les abonnés peuvent offrir ponctuellement n'importe quel contenu payant du journal à leurs amis ou relations.

« Sous cette question de la gratuité, c'est en fait celle de la valeur qui est posée. L'économie politique élémentaire nous l'a appris : dans une économie marchande, la valeur d'usage d'un produit est modifiée en profondeur par sa valeur d'échange. L'information de qualité, qu'elle soit politique, économique ou générale, a une valeur d'usage dont la définition est évidente : être utile à son lecteur/ consommateur, comme citoyen actif et responsable, en l'aidant à faire ses choix, à comprendre l'actualité, à rester maître de son destin. Dans l'économie d'avant la révolution numérique, plus la valeur d'usage d'une information était élevée, plus sa valeur d'échange était élevée : la presse de référence avait un prix de vente plus élevé que la presse populaire, les lettres confidentielles proposaient des abonnements coûteux, etc.

« Or, si la valeur d'échange de l'information de qualité n'existe plus, ramenée à zéro par la gratuité illusoire momentanément fournie par la publicité, sa valeur d'usage sera, un jour ou l'autre et toujours plus vite qu'on ne le pense, atteinte, réduite et diminuée. En annulant la valeur d'échange, on réduit inévitablement la valeur d'usage pour le lecteur : l'information devient moins pertinente, moins opérationnelle, plus superficielle, plus redondante[1]. »

Tel fut le raisonnement dont nous avons, en quelque sorte, testé la pertinence en créant Mediapart. Notre modèle économique était indissociable du pari éditorial. Car le credo de la gratuité s'accompagnait à l'époque de bien d'autres lieux communs qui tendaient à légitimer l'abaissement de la qualité de l'information : l'exigence de formats courts, donc l'amenuisement de sa richesse (alors que le numérique est précisément tout le contraire du formatage, démultipliant la diversité des contenus) ; la nécessité d'un flux permanent, donc la ruine de sa

---

1. « Mediapart Phase 2 », document interne, 19 août 2008.

hiérarchie (alors que le numérique est parfaitement compatible avec des rendez-vous qui trient, classent, structurent les nouvelles, leur donnant un sens et un angle) ; la culture de l'immédiat, donc l'oubli de son contexte (alors que le numérique, avec son architecture tissée de liens, permet de rappeler, de situer, de mettre en perspective et en relation)[1]. En affrontant le dogme du « tout gratuit », nous voulions montrer que l'on pouvait augmenter la valeur de l'information grâce à la révolution numérique, une valeur durable qui ne soit pas corrompue par la dictature de l'instant. Aucun argument d'autorité, technologique ou économique, ne devait nous obliger à accepter passivement sa dégradation. Internet n'offrait-il pas une capacité illimitée d'archivage, de mémoire et de profondeur, de formats et de déclinaisons, d'interactions et d'interventions, que ne pouvait offrir la dimension forcément close et limitée, fermée sur elle-même, froide et figée, d'une presse imprimée ?

Si nous avions un idéal – celui d'une presse libre – nous n'étions donc pas des rêveurs, mais bien des réalistes. Apporter la démonstration qu'un public croissant était prêt à payer pour une information de qualité sur Internet supposait de trouver un modèle commercial

---

1. Dès l'origine, Mediapart a précisément répondu à ces trois facilités en assumant des formats très longs (pouvant aller jusqu'à cinq écrans successifs), en affichant trois éditions quotidiennes (matin, midi et soir – deux le week-end), en proposant une mémoire numérique (des « lire aussi » avec chaque article, de nombreux dossiers thématiques, un éphéméride permettant de retrouver les éditions des jours précédents, etc.).

qui garantisse notre indépendance économique. Cette question semble hélas devenue si secondaire que la profession de journaliste s'accommode, de plus en plus, d'actionnaires à mille lieues des finalités du métier qui, pourtant, lui recommandent d'informer librement, sans aucune soumission à des intérêts privés ou étatiques. Opportunité pour défendre et refonder cette indépendance, les promesses démocratiques de la révolution numérique se sont heurtées à la fois aux prosaïques réalités économiques (la meilleure garantie de l'indépendance est la rentabilité) et à la contre-attaque des intérêts financiers dominants (de Patrick Drahi à Xavier Niel, les milliardaires du numérique ont, en France, fait main basse sur une bonne partie de la vieille presse, rejoignant l'oligarchie installée des Bernard Arnault, Serge Dassault, Arnaud Lagardère, François Pinault...).

Or l'indépendance économique finit, un jour ou l'autre, par conditionner l'indépendance tout court. C'était le propos, il y a tout juste un demi-siècle, d'un livre précurseur, *La Presse, le Pouvoir et l'Argent*, issu des combats pionniers des Sociétés de journalistes et, notamment, de la première d'entre elles, la Société des rédacteurs du *Monde*, dont l'auteur, Jean Schwœbel, fut le premier président[1]. Dès les premières lignes, on y retrouve la

---

1. Jean Schwœbel, *La Presse, le Pouvoir et l'Argent*, préface de Paul Ricœur, Le Seuil, 1968. Ce livre injustement oublié vient d'être réédité aux mêmes éditions, dans la collection dirigée par Maurice Olender, avec un avant-propos dont je suis l'auteur (Le Seuil, « La librairie du XXIᵉ siècle », 2018).

question qui nous occupe encore aujourd'hui : cette « indépendance qui est la condition première de la valeur des informations ». L'ambition de cet essai, préfacé par le philosophe Paul Ricœur, était de proposer l'invention d'un nouveau modèle d'entreprises de presse qui, par la participation collective de ceux qui les font vivre, garantisse qu'elles assurent leur « mission d'intérêt public ». Le constat qu'il énonçait, avant de proposer d'y remédier, vaudrait de nos jours pour les divers oligarques qui ont fait main basse sur la presse française : « La liberté de la presse qu'invoquent si souvent tant de directeurs de journaux, dans les colloques, congrès et banquets auxquels ils participent, c'est en réalité la liberté de mener leurs affaires à leur guise. Elle ne signifie nullement pour eux ce qu'elle devrait être : l'indépendance rigoureuse de leurs collaborateurs et le renforcement constant du pluralisme des idées et des opinions. »

Ce livre m'est d'autant plus précieux que j'y ai trouvé une mise en garde qui concerne précisément ce que Mediapart doit désormais affronter : le succès. « Tout journal risque de connaître le danger du succès et de l'aisance qui détendent à la longue les ressorts moraux des journalistes, écrit Schwœbel. Après avoir enfin conquis la notoriété et les belles rémunérations, comment ceux-ci n'hésiteraient-ils pas à compromettre leur situation en prenant des positions à contre-courant ? » À rebours du cliché anachronique qui fait du *Monde* de la génération fondatrice un journal sage et bien-pensant, respectueux des pouvoirs et des puissants, conformiste et suiviste, c'était en vérité tout le contraire : un quotidien dont la farouche indépendance, austère et distante, lui permettait d'aller à l'encontre des préjugés dominants[1]. Le droit à l'information, pour Jean Schwœbel comme pour une bonne part de la génération qui accompagna les deux premiers directeurs du *Monde* – Hubert Beuve-Méry, puis Jacques Fauvet – supposait « la nécessité du non-conformisme ».

Sous cet intertitre, on lit dans *La Presse, le Pouvoir et l'Argent* un plaidoyer pour une presse qui inquiète plutôt qu'elle ne rassure car « l'information est pleine d'appels et de reproches ». « Or c'est exactement l'objectif contraire que la plupart des organes de presse recherchent, poursuit Jean Schwœbel : ne pas inquiéter leurs lecteurs, les divertir et surtout les distraire des responsabilités qu'ils devraient assumer dans un monde en pleine anarchie qui ne sait plus où il va et continue d'avancer les yeux fermés sans rechercher des lumières pour se diriger. Cette œuvre de dépolitisation, qui constitue une véritable démission en face d'un matérialisme du confort et de l'efficacité, dont la civilisation occidentale est de plus en plus imprégnée, constitue une infidélité foncière à sa mission [celle du journalisme] qui est de se battre,

---

1. J'en ai témoigné dans *La Troisième Équipe* (Don Quichotte, 2015 ; « Points », 2016), récit de l'enquête du *Monde* sur l'affaire Greenpeace, en 1985.

répétons-le, par la recherche de la vérité dans tous les domaines, pour la défense de l'homme et pour son progrès culturel. » Mots sans doute un peu grandiloquents mais qui n'en sont pas moins toujours actuels, au spectacle de notre univers médiatique qui fait tant droit au divertissement, jusque dans ses diversions virulentes, polémiques personnalisées, quêtes de boucs émissaires, politiques de la peur, haines des différences et des dissidences.

La question posée, en 1968, par ce livre d'un acteur engagé est toujours pendante. « Comment organiser ce droit à l'information de façon à ce qu'il y soit répondu par des "services d'intérêt général" qui ne dépendent ni du pouvoir ni de l'argent ? Voilà tout le problème dont on peut mesurer aussitôt la complexité et la difficulté » : à cette interrogation, Schwœbel répondait en ouvrant la piste de « sociétés de presse à lucrativité limitée et à participation des journalistes », en d'autres termes, d'une sorte de « service d'intérêt public » de l'information qui ne soit pas sous tutelle étatique. Mediapart entend la suivre, lors du passage de témoin des fondateurs à l'équipe, en cherchant à inventer une structure juridique inédite qui réussisse à sanctuariser son indépendance économique tout en contribuant à promouvoir une presse libre, ne vivant que du soutien de ses lecteurs[1].

---

1. Si ce projet aboutit, la totalité du capital de Mediapart sera cédée à cette structure non lucrative. Début 2018, le capital de Mediapart se répartissait ainsi : fondateurs, 42,08 % ; Société des salariés, 1,46 % ; Société des amis,

Car l'une des particularités de notre aventure, c'est que nous n'avons pas seulement voulu réussir Mediapart mais aussi essayé de transformer l'écosystème médiatique qui l'entoure. Sans doute est-ce ce qui nous a valu, dans le milieu professionnel, le reproche de prétention ou d'arrogance. Drôle d'époque, tout de même, basse et mesquine, que celle où l'ambition, professionnelle et démocratique en l'espèce, est immédiatement moquée et dévaluée ! Qui plus est confite d'hypocrisie puisque nos détracteurs parmi la concurrence déjà installée ont évidemment bénéficié des combats pionniers que nous avons menés. Le premier d'entre eux n'était autre en effet que d'obtenir qu'un journal en ligne soit légalement reconnu comme de la presse. On peine à y croire mais, il y a dix ans, pour l'État français, un journal n'était défini que par son support imprimé. En 2008, le World Wide Web, inventé en 1989 par un informaticien du CERN (Organisation européenne pour la recherche nucléaire), était dans le domaine public depuis 1993, soit quinze bonnes années. Or, jusqu'à la création de Mediapart, aucun site d'information n'avait demandé à être reconnu par la Commission paritaire des publications et agences de presse (CPPAP), dont l'existence

---

18,33 % ; actionnaires extérieurs, 38,13 %. Depuis 2008, le conseil d'administration de Mediapart est composé des quatre cofondateurs, du président de la Société des amis (le mathématicien Michel Broué) et de deux personnalités qualifiées (actuellement, Sébastien Sassolas et François Vitrani). En écho à la réflexion pionnière de Jean Schwœbel, lire aussi l'essai de Julia Cagé, *Sauver les médias. Capitalisme, financement participatif et démocratie*, Le Seuil, « La République des idées », 2015.

consacre la place particulière des journaux dans la vie d'une démocratie, soulignant que l'information n'y est pas une marchandise comme une autre. Illustration du conservatisme de la presse déjà installée comme d'une partie de l'administration, notre demande fut rejetée, le 29 mai 2008, à une courte majorité, sous prétexte que la législation française, depuis la loi du 29 juillet 1881 sur la liberté de la presse, stipule que celle-ci est forcément imprimée. C'était faire comme si la révolution numérique n'avait pas eu lieu, alors même qu'elle prenait le relais de la précédente révolution industrielle, celle de l'électricité qui, à la fin du XIXᵉ siècle, avait permis la démocratisation massive de la presse.

Heureusement, le président de la CPPAP, Pierre Bordry, un conseiller d'État éclairé, fit montre d'ouverture en écrivant, le 1ᵉʳ juillet 2008, à la ministre de la Culture, Christine Albanel, afin qu'elle sollicite l'avis du Conseil d'État sur « l'interprétation qu'il convient de faire des textes règlementaires encadrant l'accès au régime économique de la presse, et sur leur application éventuelle à une publication qui, à l'exemple de Mediapart, présente la particularité d'être diffusée exclusivement en ligne, et non sur un support imprimé ». Un peu plus d'un an après, le 29 octobre 2009, paraissait au *Journal officiel* le décret, signé du Premier ministre François Fillon, reconnaissant enfin la presse en ligne au même titre que la presse sur papier. Ce fut notre première bataille de réformateurs du secteur, au-delà de notre propre aventure : obtenir l'égalité de droits et de devoirs entre presse imprimée et presse numérique. Dès l'origine, et de façon transparente dans toutes nos démarches, cette exigence de principe avait une conséquence pratique que notre modèle payant nous obligeait de porter : bénéficier du même taux de TVA (taxe sur la valeur ajoutée) super-réduit accordé à la presse, de 2,1 % contre 19,6 % à l'époque pour le taux normal (20 % aujourd'hui). À l'inverse des aides directes, ces subventions d'argent public accordées par l'État à la presse que Mediapart a choisi de refuser au contraire de pratiquement toute la concurrence[1], cette aide indirecte est autrement vertueuse. C'est une aide à la démocratie afin d'inciter la presse à ne pas être trop chère et à rester accessible au plus grand nombre, à tel point d'ailleurs que la TVA sur la presse est nulle (de 0 %) en Grande-Bretagne[2].

Mêmes droits, mêmes devoirs : il n'était pas question, alors même que nous nous battions à contre-courant pour imposer un modèle économique inédit, d'avancer comme si nous avions des fers aux pieds, plombés par

1. Mediapart ne sollicite ni ne perçoit de subvention, que ce soit auprès de fonds publics (Fonds stratégique pour le développement de la presse) ou auprès de fonds privés (Google, Fondations Gates, Facebook, etc.).
2. En 2008, l'abonnement mensuel à Mediapart avait été fixé à 9 euros (ou 90 euros pour un abonnement annuel) et pour les faibles revenus (étudiants, sans emplois, petites retraites, etc.) à 5 euros (ou 50 euros pour l'annuel). En 2016, l'abonnement est passé à 11 euros (ou 110 euros annuels), tandis que l'abonnement pour les faibles revenus est resté inchangé. L'abonnement inclut l'accès à tous les contenus de Mediapart depuis sa création.

une TVA près de dix fois plus élevée que celle appliquée aux journaux en place, qui, de surcroît, touchaient une manne d'argent public équivalente à près de 10 % du chiffre d'affaires annuel du secteur. Nous avons mené ce combat de façon ouverte et franche, avec le soutien tacite de pouvoirs publics qui, tout en nous donnant raison, prétextaient des pesanteurs européennes pour ne pas agir en affirmant clairement l'égalité de TVA entre presse imprimée et presse numérique.

Finalement, nous l'avons à la fois gagné et perdu. Gagné pour la presse, perdu pour Mediapart. Notre vive protestation face à un redressement fiscal sur le différentiel de TVA, survenu fin 2013, un an après nos révélations ayant entraîné la démission du ministre du Budget, Jérôme Cahuzac[1], a en effet entraîné un sursaut gouvernemental et parlementaire. Une loi du 27 février 2014 (parue au *Journal officiel* le 28 février) a donc imposé, à partir du 1er février de cette même année, le même taux super-réduit pour la presse en ligne. En revanche, le contentieux fiscal à l'encontre de Mediapart a été maintenu malgré sa contestation par des parlementaires

---

1. Le 4 décembre 2012, Mediapart révèle, sous la plume de Fabrice Arfi, que Jérôme Cahuzac, dont le portefeuille ministériel inclut l'administration fiscale, est l'ayant droit d'un compte bancaire non déclaré, en Suisse, puis à Singapour. Après plus de trois mois de dénis de l'intéressé, du gouvernement et de l'administration, l'enquête préliminaire du parquet de Paris entraîne l'ouverture d'une information judiciaire, le 19 mars 2013. Jérôme Cahuzac démissionne tout en proclamant de nouveau son innocence, puis reconnaît les faits le 2 avril 2013, après avoir été mis en examen pour blanchiment de fraude fiscale.

de tous bords, de droite comme de gauche, estimant que l'administration des impôts était en tort, n'ayant pas aligné le taux de TVA lors de la reconnaissance pleine et entière de la presse digitale, en 2009[1]. Il faut croire que l'audace a toujours un prix, y compris dans la construction économique d'une entreprise de presse novatrice. Le coût de cette injuste et mesquine vengeance fut substantiel pour Mediapart : 4,7 millions d'euros. Une saine gestion (aucun endettement et trésorerie fournie) ainsi que le soutien de nos lecteurs (une souscription a recueilli près de 500 000 euros de dons) nous ont permis de l'assumer, sachant que nous continuons de contester ce redressement devant la justice administrative avec l'espoir de récupérer, un jour, tout ou partie de cette somme[2]. C'est cher payé mais nous ne regrettons rien. Si nous n'avions pas mené cette bataille, la presse en ligne indépendante n'aurait pas réussi à s'affirmer de façon autonome – ou l'aurait fait plus lentement et plus tardivement – et à faire vivre, vaille que vaille, la diversité d'une information alternative,

1. Le 12 novembre 2015, dans une lettre au président de la République, huit députés (quatre PS, trois UMP, un EELV) ont soutenu la position de Mediapart, sollicitant en vain l'intervention de François Hollande. Entre le vote de 2014 alignant les taux de TVA et l'application du redressement fiscal en 2015, il y avait eu un changement de Premier ministre, Manuel Valls succédant à Jean-Marc Ayrault, qui explique évidemment l'entêtement du pouvoir à notre encontre.
2. Le contentieux porte sur la somme totale du redressement que nous contestons entièrement, soit précisément 4 697 695 €, qui se décomposent en 3 348 233 € de différentiel de taux de TVA et en 1 349 462 € d'intérêts et de pénalités.

qu'elle soit nationale, locale ou spécialisée. Car nous ne l'avons pas menée seuls, ayant eu d'emblée le souci d'affirmer solidairement ce nouveau secteur, son originalité et ses particularités. Dans les mois de 2009 qui précédèrent le décret de reconnaissance de la presse en ligne, les locaux de Mediapart accueillirent les réunions qui donnèrent naissance au Syndicat de la presse indépendante d'information en ligne (SPIIL), regroupant les nouvelles entreprises de presse numérique, devenu depuis l'interlocuteur reconnu des pouvoirs publics[1].

L'insistance sur la notion d'indépendance a d'emblée inscrit le SPIIL dans une exigence collective qui dépasse les particularités des sites qu'il fédère, dont les structures et les pratiques sont évidemment diverses. Elle s'imposait d'autant plus que, face aux difficultés criantes de la presse papier sous le choc de la révolution numérique, venaient de se tenir, d'octobre 2008 à janvier 2009, sous l'égide directe du président de la République, Nicolas Sarkozy, des états généraux de la presse écrite qui se sont ouverts et finis au palais de l'Élysée. Procédure opaque, clientélisme éhonté, présidentialisme forcené, nous étions bien devant une caricature de renoncement

---

1. Des sept sites cofondateurs, deux ont disparu corps et biens (Terra Eco et Bakchich) et deux ont perdu leur indépendance économique, voire leur identité (Rue89 et Slate). Forts différents dans leurs formules, tout en se revendiquant de la même tradition professionnelle, les trois survivants – Arrêt sur images, Indigo Publications, Mediapart – ont cependant un point commun. Ils ont d'emblée parié sur le modèle payant, défendant dans l'univers digital ce qui fit, dans le passé, le succès de la presse imprimée : la fidélité d'un public.

démocratique et de servitude volontaire, illustrant de nouveau ce tenace illibéralisme français. Invité à participer à l'un des groupes de travail, le directeur éditorial de Mediapart, François Bonnet[1], y a tenu dix-sept minutes, pas plus, le 22 octobre 2008. Le temps d'une intervention pour s'étonner que la profession laisse ainsi « la nécessaire réforme de ce qu'il est convenu d'appeler le "contre-pouvoir" à l'appréciation du seul pouvoir », puis pour demander la mise au vote de trois courtes résolutions : l'une affirmant que la présidence de la République devait se dessaisir de ces états généraux pour les transférer à la représentation nationale ; la deuxième proposant que soient représentés sociétés de journalistes et collectifs de lecteurs ainsi que les blogueurs ; la dernière exigeant que les débats soient publics, retransmis par tous ceux qui le désirent et par tous moyens nécessaires. Proposition rejetée sans débat et départ dans la foulée.

Quatre ans plus tard, le SPIIL, fondé en octobre 2009, rendait public, le 19 octobre 2012, son « Manifeste pour un nouvel écosystème de la presse numérique », dont la lecture permet de prendre la mesure du temps perdu et des occasions gâchées[2]. Ces états généraux, tout comme

---

1. Cofondateur de Mediapart, François Bonnet en a été le directeur éditorial depuis sa création jusqu'à mars 2018. Après dix ans de ce qui est sans doute le travail le plus exigeant et le plus ingrat au sein d'une rédaction, il a choisi de passer la main à la génération suivante, tout en restant bien sûr membre de l'équipe.
2. Ce Manifeste est consultable sur le site du SPIIL : http://bit.ly/2CHRXn5.

les choix en ce domaine de la présidence suivante, celle de François Hollande, n'auront en rien construit cette réponse novatrice qu'appelle le droit à l'information à l'ère numérique. Là où il aurait fallu une refondation démocratique semblable à ce qu'avait représenté la loi du 29 juillet 1881, à l'heure de l'avènement de la presse de masse, ces deux présidences n'ont eu d'autre priorité que de venir au secours de l'existant et de l'installé, favorisant les positions déjà dominantes, celles de la presse imprimée, au détriment des nouveaux entrants, porteurs d'innovation et de dynamisme. C'est ainsi qu'ils ont fait la courte échelle aux industriels et financiers oligarques pour qu'ils mettent la main sur des médias en difficulté, plutôt que favoriser l'éclosion de modèles alternatifs, indépendants et créatifs.

Dans son manifeste, le SPIIL, qui batailla longtemps pour obtenir la transparence sur les aides publiques à la presse, jusqu'alors tenues secrètes à la demande des éditeurs qui en bénéficiaient, mettait les pieds dans le plat du copinage et du clientélisme. Dès la première de ses dix propositions, il demandait « la suppression en trois ans des aides directes actuelles », non seulement éthiquement discutables par la dépendance qu'elles installent mais, de plus, inefficaces et inégalitaires. Car l'enseignement du chemin quelque peu solitaire de Mediapart, c'est aussi que notre profession ne saura pas retrouver la confiance du public si elle ne se bat pas elle-même pour l'obtenir, en préférant compter sur des subventions étatiques et des mécènes intéressés pour assurer son avenir. Le constat du SPIIL sur l'effet néfaste, démobilisateur et corrupteur, des aides directes à la presse vaut toujours : « Soit elles servent de perfusion permanente pour permettre à des publications en difficulté de survivre tant bien que mal, sans avoir à réaliser les véritables efforts éditoriaux, commerciaux et industriels nécessaires pour se restructurer. Soit elles constituent un effet d'aubaine pour grappiller des subventions, de manière opportuniste. Malgré les intentions affichées, les incitations à l'innovation de ces aides demeurent très faibles. [...] De ce point de vue, le bilan des États généraux de la presse de 2008 est édifiant : le quasi-doublement des aides directes sur la période 2009-2011 n'a en rien empêché la dégradation continue de la situation de la presse et n'a guère aidé sa mutation industrielle. »

Quand je revisite cette décennie de combat entrepreneurial, ses défis et ses adversités, j'ai l'impression d'une lutte inégale entre une petite cohorte de réformateurs face à une lourde armée de conservateurs. La profonde crise de la politique, de ses formations comme de ses protagonistes, ne nous a pas aidés, tant elle n'est pas propice au surgissement de hautes figures ayant le souci de l'intérêt général. Pourtant, dès que s'affirme le souci d'écouter la société, de faire droit à son expérience et de prendre en compte son inventivité, il n'est pas difficile de trouver un chemin commun qui emmène vers des solutions nouvelles et audacieuses.

C'est ce que j'ai expérimenté avec bonheur, en compagnie de Philippe Aigrain, de La Quadrature du Net[1], de l'été 2014 à l'automne 2015, durant une année pourtant terrible puisqu'elle fut celle des attentats de la terreur et du basculement dans la politique de la peur. Nous avions tous deux été conviés par le député socialiste Christian Paul à participer à une commission de l'Assemblée nationale d'un format inédit, puisque composée à parité de parlementaires de tous horizons et de personnalités de la société civile. Coprésidée par l'ancienne bâtonnière de l'ordre des avocats du barreau de Paris, Christiane Féral-Schuhl, cette commission sur le droit et les libertés à l'âge du numérique semblait au départ donner la priorité à une vision strictement juridique d'enjeux profondément politiques. Or, grâce à l'intelligence collective produite par le partage des savoirs et l'échange des opinions, son rapport final, adopté à l'unanimité, porte une vision ample, à la hauteur des enjeux sociétaux de la révolution numérique.

1. Fondée en 2008, La Quadrature du Net est une association de défense des droits et libertés des citoyens sur Internet. L'un de ses membres, Laurent Chemla, a soutenu Mediapart depuis sa création. Informaticien, ce précurseur fut le cofondateur de Gandi, principal bureau d'enregistrement de noms de domaine en France. Il a rendu compte de cette aventure dans un livre stimulant, *Confession d'un voleur : Internet, la liberté confisquée* (Denoël, 2002) librement accessible sur le Net : http://www.confessions-voleur.net.

Sous l'intitulé « Numérique et libertés : un nouvel âge démocratique[1] », ses cinq parties développent ce qui pourrait être le rapport introductif à une nouvelle loi fondamentale sur le droit de savoir et la liberté de dire au XXIe siècle : « Renforcer le droit à l'information à l'ère numérique » ; « Défendre la liberté d'expression à l'ère numérique » ; « Repenser la protection de la vie privée et des données à caractère personnel » ; « Définir de nouvelles garanties indispensables à l'exercice des libertés à l'ère numérique » ; « Dessiner une nouvelle frontière entre propriété et communs ».

« Toute révolution industrielle appelle un nouvel âge démocratique », énonce-t-il dès son introduction, rappelant d'emblée que « l'effet final des techniques, qui peuvent être aussi bien libératrices qu'asservissantes, dépend toujours des usages sociaux qui s'imposeront à la longue ». Tout ce rapport est un plaidoyer pour « un nouvel écosystème démocratique nécessaire afin que la révolution numérique ne soit soumise à la loi du plus fort ou du plus bruyant, du plus sauvage ou du plus violent, du plus marchand ou du plus autoritaire ». À sa lecture, on comprend qu'il ait été ignoré non seulement par des institutions peu disposées à faire vivre une démocratie délibérative et participative, mais aussi sinon, surtout, par des gouvernants saisis

---

1. Le rapport est accessible en ligne sur le site de l'Assemblée nationale : http:// bit.ly/2m1Mltp.

par la peur de l'inédit et de l'inconnu au point d'être tentés par les régressions autoritaires et les raccourcis identitaires.

La question décisive, affirmait-il, non sans prescience quand on sait qu'un an plus tard un affairiste narcissique devenu internaute agité était élu président des États-Unis, est celle de « la réponse collective qu'inventeront nos sociétés devant cette accélération qui les affole et les fascine, les réjouit autant qu'elle les inquiète, entre découverte d'un futur inédit et perte de repères anciens. Car ces temps planétaires de révolution objective, concrète et matérielle, où de vieux mondes se meurent tandis que les nouveaux sont encore incertains, cherchent à tâtons leur issue politique dans une histoire qu'il nous revient d'écrire, entre chute dans la barbarie et sursaut dans la démocratie. Les deux précédentes révolutions industrielles de notre modernité, dont les moteurs technologiques étaient la machine à vapeur pour la première et l'électricité pour la deuxième, ont dû faire face au même défi, non sans régressions, détours et dégâts, voire catastrophes, qui sont autant d'alertes pour notre présent. Faute d'invention démocratique nouvelle, rénovant la promesse initiale de liberté, d'égalité et de fraternité, des fuites en avant autoritaires et inégalitaires peuvent s'imposer comme réponses aux doutes et incertitudes suscités par l'émergence de ce nouveau monde, ses destructions créatrices, ses bouleversements géopolitiques, ses ébranlements culturels. »

Au jour où j'écris, cet avertissement venu de la représentation nationale et de la société civile, dans le respect de leur pluralité d'opinions et de leur diversité d'intérêts, est resté lettre morte. Au moins aurons-nous pris date.

J'espère simplement que, demain, on ne décrira pas la réussite de Mediapart comme l'arbre qui cachait la forêt, un succès qui cachait bien des défaites.

3.

Le public n'est pas la foule

Si la statue de la Liberté est debout dans la rade de New York, c'est grâce à un journal. Sans une campagne de presse, ce cadeau de la France aux États-Unis serait longtemps resté sur les docks du port, dispersé en trois cent cinquante morceaux dans les deux cent quatorze caisses qui l'avaient convoyé d'un continent à l'autre depuis Le Havre, à bord de la frégate *L'Isère*.

Œuvre du sculpteur Auguste Bartholdi, *La Liberté éclairant le monde*, selon sa dénomination originelle, était née d'un défi lancé le 21 avril 1865, lors d'un dîner républicain clandestin, alors que se terminait la guerre de Sécession et que le président Abraham Lincoln venait d'être assassiné. Le Second Empire n'avait pas encore rendu l'âme et, par le détour américain, c'était évidemment une liberté française qui faisait valoir ses droits. « Je lutterai pour la liberté, j'en appellerai aux peuples libres. Je tâcherai de glorifier la République là-bas, en attendant que je la retrouve un jour chez nous », aurait d'ailleurs confié Bartholdi. Bénéficiant d'une souscription populaire à partir de 1871, cet impressionnant trait

EDWY PLENEL

d'union d'un peuple à l'autre fut mené à bien grâce à l'ingénieux concours de Gustave Eiffel, qui en réalisa la structure démontable.

Encore fallait-il qu'une fois arrivée à bon port, en 1885, la statue soit montée sur son socle, dressée comme prévu sur l'île de Bedloe, ancien bastion militaire faisant face à Manhattan. Or le Congrès se dérobait, refusant d'inscrire la dépense au budget fédéral, tandis que l'establishment new-yorkais renâclait et que les grandes fortunes sollicitées pour les travaux se défilaient, jugeant sans doute le cadeau encombrant ou provocant. C'est alors qu'intervint un journal. Pas seulement pour informer et commenter. Mais pour agir. Sous l'impulsion de son directeur et propriétaire, Joseph Pulitzer (1847-1911), le *New York World* lança un appel au peuple afin qu'il sauve la statue, dont voici les termes : « Ce serait une tache indélébile sur la ville de New York et la République américaine si la France nous faisait ce présent somptueux [...] sans que nous puissions lui fournir ne fût-ce qu'un carré de terre où le poser. [...] Nous n'avons plus qu'une chose à faire : trouver l'argent. Le *World* est le journal du peuple et c'est au peuple qu'il fait appel aujourd'hui pour réunir ces fonds. Les 250 000 dollars qu'a coûtés la statue ont été payés par les masses populaires de la France – les ouvriers, les commerçants, les vendeuses, les artisans – quelles que soient leur classe ou leur condition. Prenons modèle sur eux. N'attendons pas que les milliardaires nous donnent cet argent. Il ne s'agit pas du cadeau des milliardaires de France à ceux d'Amérique, mais d'un cadeau fait à tout le peuple américain par l'ensemble du peuple français. Cet appel concerne chacun de vous personnellement. Il s'adresse à chaque lecteur du *World*. Donnez quelque chose, quel qu'en soit le montant. [...] Nous publierons le nom de chacun des donateurs, quelle que soit la somme qu'il nous aura apportée[1]. »

Ce ne fut ni le premier ni le dernier coup d'éclat de Pulitzer, qui, ainsi, inventait déjà le financement participatif. L'ensemble de la concurrence, tenant en mépris cet immigré juif hongrois qui avait tout juste vingt ans d'Amérique, en fut pour ses frais tant son appel rencontra un succès phénoménal, 120 000 hommes, femmes, enfants des milieux les plus modestes apportant les 100 000 dollars qui manquaient. Succès qui boosta les ventes de son journal, devenu dès lors le plus rentable de l'histoire de la presse américaine. Venu de Saint Louis (Missouri), où il avait fait ses débuts dans un journal de langue allemande, le *Westliche Post*, Joseph Pulitzer avait acheté le *World* deux ans plus tôt, en 1883. Annonçant aux lecteurs ce changement de propriétaire, il résuma ses intentions dans des termes qui, aujourd'hui encore, lui vaudraient sans doute les

1. Jacques Bertoin, *Joseph Pulitzer, l'homme qui inventa le journalisme moderne*, « La bibliothèque de l'Intelligent », 2003 ; Denis Brian, *Pulitzer*, John Wiley & Sons, 2001. Voir aussi l'introduction de Bernard Genton à *Sur le journalisme*, Circé, 2011.

moqueries des cyniques et des blasés : « Il y a la place pour un journal à la fois bon marché et intelligent, intelligent et généraliste, généraliste mais aussi vraiment démocratique, voué à la cause du peuple plutôt qu'à la bourse des potentats, consacré aux nouvelles du Nouveau plutôt que de l'Ancien Monde, un journal qui révèlera au grand jour la fraude et le mensonge, qui combattra tous les méfaits et abus publics, qui se battra pour les gens avec une sincérité constante. »

Via le prix mondialement connu qui porte son nom, Pulitzer est devenu une sorte de label commun du journalisme, symbole de notoriété et de reconnaissance. Mais l'on oublie combien, derrière ce patronyme devenu référence, il y eut d'abord de l'audace. Pour créer, il faut oser. Or Pulitzer n'a pas seulement, à l'instar d'Émile de Girardin (1802-1881) en France dans la période qui précéda[1], inventé de nouvelles formes journalistiques. Il a toujours pensé le journalisme comme un acteur de la vie publique, se souciant d'établir un lien avec le public qui soit concret, actif et vivant, passant notamment par des campagnes de presse. Dans l'essai qu'il publia, en 1904, pour convaincre l'université new-yorkaise Columbia de créer une école de journalisme qu'il était prêt à financer, il insiste sur cet idéal démocratique d'une profession

1. Cf. Marie-Ève Thérenty et Alain Vaillant, *1836 : l'an I de l'ère médiatique. Analyse littéraire et historique de* La Presse, *d'Émile de Girardin*, Nouveau Monde Éditions, 2001. Et aussi, chez le même éditeur, cet ouvrage collectif : *La Civilisation du journal. Histoire culturelle et littéraire de la presse française au XIXe siècle*, 2011.

au service de « l'esprit public » face à sa corruption par « les dangers de la ploutocratie et de la démagogie[1] ». Tout en considérant que plus un journal « est prospère, plus il peut se permettre d'être indépendant », Pulitzer, qui pourtant avait lui-même fait fortune avec la presse, refuse que ce soit un but en soi : « Dès que le public commence à considérer la presse comme une entreprise purement commerciale, alors c'en est fait du pouvoir moral des journaux. Sans la confiance du public, il n'y a pas d'influence possible. Et cette confiance doit être fondée sur quelque chose d'humain. » Car, insiste-t-il, de l'existence de ce lien humain, presque physique, aucunement abstrait, découlera la moralité du journal et de ceux qui le font : « Le directeur de journal, conclut-il, le vrai "journaliste" de l'avenir, doit être un homme d'une intégrité tellement reconnue que personne ne pourra le soupçonner d'écrire ou de diriger une rédaction contre ses convictions. Il doit être celui dont on pense qu'il préférera démissionner plutôt que de sacrifier ses principes à un quelconque intérêt financier. »

Le cinéma étant par excellence l'art populaire où se donne à voir l'imaginaire collectif, c'est un film qui donne vie à ce vieil idéal en romançant l'histoire de Pulitzer, du *World* et de la statue de la Liberté. Sorti en

---

1. Joseph Pulitzer, *Sur le journalisme*, traduit et présenté par Bernard Genton, Circé, 2011. Intitulé « The School of Journalism in Columbia University », le texte original est paru en mai 1904 dans *The North American Review*.

1952, *Park Row* (*Violence à Park Row* dans sa version française) est l'un des premiers films de Samuel Fuller (1912-1997) et, disait-il, son préféré tant le journalisme fut sa première passion. Or, au détour d'un traveling de ce superbe hommage à la liberté de la presse, indocile et insolente par nature, réalisé alors même qu'allait s'imposer l'intolérance du maccarthysme, le réalisateur glissa, parmi d'autres barbus célèbres de l'histoire de la presse américaine, un intrus : Karl Marx. Sans doute pied de nez au capital – l'œuvre éponyme de Marx fut publiée aux États-Unis à l'époque du rachat par Pulitzer du *New York World*[1] – la provocation n'était pas purement gratuite. On ignore en France, particulièrement parmi une gauche radicale souvent prompte à rejeter en bloc « le » journalisme et « les » médias, que le journalisme fut la principale activité professionnelle de Marx, non seulement celle qui, matériellement, lui fut la plus lucrative mais surtout celle qui constitua la plus grande part de ses travaux publics[2].

Cette pérégrination en compagnie de Pulitzer, Fuller et Marx, entre Europe et Amérique, nous conduit à

1. Pour l'anecdote, on trouve dans les archives du *New York World* une interview de Karl Marx, réalisée à Londres et publiée le 18 juillet 1871, dans laquelle il est présenté comme « le chef de l'Internationale ».
2. Selon une récente biographie, « la masse des articles de journaux écrits par Marx entre 1853 et 1862 représente davantage que l'ensemble de ce qu'il a publié durant tout le reste de sa vie ». Marx écrivait alors pour six journaux différents, en Angleterre, aux États-Unis, en Prusse, en Autriche et même en Afrique du Sud. Mais la part la plus notable de son activité fut pour la presse américaine, notamment le *New York Tribune*. Cf. Jonathan Sperber, *Karl Marx, homme du XIXᵉ siècle*, Piranha, 2017, p. 268-270.

l'éternelle jeunesse, toujours recommencée, d'une presse au service du bien commun. « La presse libre, c'est l'œil partout ouvert de l'esprit du peuple, c'est l'incarnation de la confiance qu'un peuple a en lui-même, le lien parlant qui unit l'individu à l'État et au monde, la culture incarnée qui transfigure les luttes matérielles en luttes spirituelles et en idéalise la rude forme physique. Elle est l'impitoyable confession qu'un peuple se fait à lui-même, et l'on connaît la vertu rédemptrice de l'aveu. Elle est le miroir spirituel où un peuple se regarde, et la contemplation de soi-même est la première condition de la sagesse[1]. » Si datés et grandiloquents soient-ils, ces mots disent combien les récurrentes passions journalistiques recèlent de vieilles passions démocratiques. Ils sont du jeune Marx, en 1842, à l'orée du printemps des peuples européens, ces révolutions quarante-huitardes qui firent droit aux idéaux d'une République démocratique et sociale. « L'absence de liberté de la presse rend illusoires toutes les autres libertés[2] », renchérissait alors le futur auteur du *Manifeste communiste*, soulignant combien cette liberté fondamentale conditionne le libre exercice des autres libertés.

Le journalisme n'est pas que du journalisme. C'est toujours une présence au monde et aux autres. Une liberté qui est aussi une responsabilité. Qu'il s'agisse

---

1. Karl Marx, *Œuvres III Philosophie*, « Bibliothèque de la Pléiade », Gallimard, 1982, p. 178.
2. Idem, p. 197.

de rencontres publiques, de débats filmés, de pétitions citoyennes, d'appels collectifs, d'initiatives soutenues et retransmises, de partenariats nombreux et divers, Mediapart s'est inscrit dans cette tradition dont la légende de Pulitzer, sans doute un peu enjolivée, nous rappelle l'ancienneté[1]. Aux nombreux événements publics organisés, à Paris comme en régions, autour de tous les grands débats de la décennie écoulée, se sont ajoutés, à partir de 2012 des rendez-vous « télévisuels » inédits, nos « MediapartLive » mensuels puis hebdomadaires, permis par la révolution digitale, ses nouveaux équipements et ses nouveaux canaux, ses « streaming » et ses « replay ». Car la tradition d'une presse jetée dans la mêlée citoyenne est revivifiée par des bouleversements technologiques ayant radicalement transformé la relation entre un journal et ses lecteurs. On imagine aisément combien les campagnes du propriétaire du *World* auraient pris une dimension autrement puissante, avec le risque d'abuser de cette puissance, à l'heure des réseaux sociaux, des plateformes de souscription, des

1. Outre la rencontre tenue fin 2008 au théâtre parisien de la Colline sur la liberté de la presse (lire p. 181), l'autre initiative qui, au tout début de Mediapart, a signifié cet engagement dans la cité fut notre mobilisation contre le débat sur l'identité nationale organisé, fin 2009, sous la présidence de Nicolas Sarkozy. « Par principe, nous sommes favorables au débat. À sa liberté, à sa pluralité, à son utilité. C'est pourquoi nous refusons le "grand débat sur l'identité nationale" organisé par le pouvoir : parce qu'il n'est ni libre, ni pluraliste, ni utile » : ainsi commençait cet appel intitulé « Nous ne débattrons pas ». Politiquement, la liste de ses signataires allait de Dominique de Villepin à Olivier Besancenot en passant par Martine Aubry, Daniel Cohn-Bendit, Cécile Duflot, François Hollande et Michel Rocard. Daté du 2 décembre 2009, il peut être lu ici : http://bit.ly/2FaXjpf.

messageries électroniques, des vidéos partagées, des infinies déclinaisons numériques d'une communication en temps réel...

Dans une stratégie du fort au faible, de l'outsider face aux notables, cette nouveauté fut au cœur de notre projet quand, quittant la presse imprimée, nous nous sommes mis à réfléchir en 2007 à un journal numérique tout en découvrant la réalité, ô combien mouvante, de la révolution technologique en cours[1]. Internet étant sans frontières, quand nous avons voulu trouver son titre, nous avons cherché un nom de domaine qui soit disponible dans toutes les déclinaisons fonctionnelles (.com, .net, .info, .eu, .media, etc.) et nationales (.fr, .us, .co, .uk, .ch, .be, .es, etc.). Aucun des mots existants qui nous venait à l'esprit n'étant libre dans toutes ces variantes, nous avons rapidement compris qu'il nous fallait l'inventer. Encore fallait-il que ce nom qui n'existait pas ait un sens, fût-il allusif. D'où Mediapart, dont la troisième syllabe détient la clé : « part » comme « participatif ». Un média à part qui soit aussi un média participatif.

On l'oublie trop souvent, mais le succès de Mediapart repose sur son choix radical d'une participation de ses lecteurs. Son « Journal », où sont publiés les articles de sa rédaction, n'est qu'une de ses dimensions, l'autre étant son « Club », où ses abonnés peuvent librement

---

1. Le marché du « smartphone » ou « téléphone intelligent » s'ouvre cette même année 2007 avec la sortie, par Apple, du premier iPhone. À l'époque, Twitter vient tout juste de naître, en 2006, tandis que Facebook n'a que trois ans.

tenir leurs blogs dont la lecture est en accès libre et gratuit à la différence de celle du Journal, deux espaces auxquels s'est ajouté, avec le développement des vidéos, des photoreportages, des documentaires et des émissions, un troisième : le Studio, regroupant les formats multimédias. Aucun site d'information francophone[1] n'offre à ses lecteurs une participation si large et si entière, dans une culture radicale de libre expression – de « free speech » selon l'expression popularisée par le mouvement étudiant californien des années 1960. La modération ne s'y fait jamais a priori, comme c'est le cas dans le reste de la presse, où elle est confiée à des prestataires extérieurs, dont les personnels sont souvent implantés hors de France, mais seulement a posteriori, assurée en interne sur la base des alertes des lecteurs ou des interventions de l'équipe quand une contribution, un commentaire ou un billet, contrevient à la charte éditoriale de participation à Mediapart[2].

Maintenant que Mediapart s'est plutôt fait connaître par ses révélations journalistiques, cette dimension participative est souvent sous-estimée alors même qu'elle fut un argument essentiel et une distinction décisive : une presse descendue de son estrade, acceptant d'être prolongée, discutée ou critiquée par ses lecteurs, et s'efforçant de créer une nouvelle relation de confiance

---

1. Mediapart n'est pas que francophone : il propose une version anglaise et une version espagnole de ses principaux articles, notamment de ses enquêtes.
2. Elle est consultable ici : http://bit.ly/2ACNhcL.

avec son public. Une presse, surtout, enrichie par l'apport de son public, dont les écrits animent une incessante conversation autour de leur journal et apportent des connaissances complémentaires aux informations des journalistes. C'est une sorte d'université populaire numérique, ouverte à tous, profondément égalitaire, sans distinction d'origine sociale ou de niveau d'études.

Dans nos premiers documents de travail, début 2007, notre projet s'appelait d'ailleurs PresseClub, premier nom d'où n'est resté que « Club » pour désigner l'espace contributif des abonnés de Mediapart. À l'époque, une expérience sud-coréenne nous avait beaucoup intéressés, OhmyNews, site créé en 2000 dans la foulée de la transition démocratique. « Chaque citoyen est un journaliste » : son slogan résumait clairement son intention qui était de promouvoir un journalisme citoyen dans une interaction entre des lecteurs contributeurs et des journalistes éditeurs. Nous n'avons pas été jusque-là, ayant le pressentiment d'une illusion qui laisserait penser que ce que chaque citoyen pense juste est forcément vrai, ignorant les exigences professionnelles d'une information collectivement travaillée, recoupée, vérifiée, élaborée, etc. Mais nous en avons retenu la conviction qu'un journal ne pourrait plus désormais s'affirmer sans que son public ne s'exprime librement, autour de lui, avec ou contre lui, le commentant ou l'alertant, le complétant ou l'interpellant.

C'est dès lors une nouvelle relation qu'il nous faut construire, inédite et incertaine, parfois conflictuelle, souvent décevante, mais absolument consubstantielle de l'écosystème d'une presse numérique dont l'architecture technique – le lien hypertexte notamment – porte un imaginaire de relation, d'échange et de partage. Le journalisme est définitivement un « forum de discussion », écrivent ainsi Kovach et Rosenstiel dans leurs *Principes du journalisme,* où ils lui font obligation de construire cet espace public de discussion, de critique et de commentaire du public[1]. Le poids des journalistes qui en forment inévitablement la vitrine, par leurs signatures, fait oublier que le gros de l'équipe de Mediapart s'y consacre, tant la relation au lecteur, qu'il soit abonné ou non, est au cœur des autres métiers d'une entreprise de presse numérique, qu'il s'agisse de la technique, du commercial, du marketing, du service abonnés, des réseaux sociaux.

C'est sans doute la part de plus grande inconnue de cette histoire car ce qui nous semblait à dimension humaine dans les toutes premières années de conquête devient autrement complexe à gérer, animer et construire, quand le cap des 100 000 abonnés est franchi et que la croissance se poursuit. Au lancement de Mediapart, j'avais ainsi mis en exergue, pour résumer l'esprit du participatif, cet article 6 de la seconde

---

1. Bill Kovach et Tom Rosenstiel, op. cit., chapitre 8 : « Le journalisme : un forum de discussion », p. 236 et suivantes.

Déclaration des droits de l'homme, celle de 1793 : « La liberté est le pouvoir qui appartient à l'homme de faire tout ce qui ne nuit pas aux droits d'autrui : elle a pour principe la nature ; pour règle la justice ; pour sauvegarde la loi ; sa limite morale est dans cette maxime : *Ne fais pas à un autre ce que tu ne veux pas qu'il te soit fait.* » Nous n'avons cessé, en dix ans, de tâtonner et d'inventer pour réussir à faire respecter, et à respecter nous-mêmes, cet idéal de la relation où la liberté de l'un dépend toujours de celle de l'autre. Sans doute, en dehors de la pérennisation de l'indépendance de Mediapart après le départ de ses fondateurs, est-ce la part d'inachevé de cette aventure. Car le succès du journal suppose non seulement le respect et le souci, mais aussi la reconnaissance et l'épanouissement de ceux qui le font vivre, ses lecteurs.

Dans cette quête inédite du participatif, nous avons cependant une boussole, à savoir que le public n'est pas la foule. Mediapart s'est construit sur cette conviction qui s'enracine dans une longue durée de débats sur les conditions d'une discussion démocratique[1]. Le public est informé, la foule est aveugle. Le public argumente, la

---

1. Sur cette opposition du public et de la foule, qui vaudrait un autre livre, voici quelques lectures indispensables, françaises et américaines : Gustave Le Bon, *Psychologie des foules* (1895), PUF, « Quadrige », 1988 ; Gabriel Tarde, *L'Opinion et la Foule* (1901), PUF, « Recherches politiques », 1989 ; Robert E. Park, *La Foule et le Public* (1904), Parangon/Vs, « Situations et critiques », 2007 ; Walter Lippmann, *Le Public fantôme* (1925), Demopolis, 2008 ; John Dewey, *Le Public et ses problèmes* (1927), Farrago/Éditions Léo Scheer, 2003.

foule applaudit. Le public réfléchit, la foule manifeste. Le public échange, la foule dénonce. Partagé, le public hésite ; grégaire, la foule fonce. Moutonnière, la foule regarde dans une seule direction quand le public abrite une diversité de conversations différentes. Surtout, la foule est anonyme quand le public est identifiable. La foule n'a pas de visage, sinon celui d'une masse indistincte, quand le public affiche une pluralité d'identités assumées et revendiquées.

De ce point de vue, le modèle économique adopté n'est pas sans conséquence : même s'ils choisissent un pseudonyme pour identifiant, des abonnés payants sont obligés de laisser des coordonnées, fussent-elles sommaires, quand, à l'inverse, la course à l'audience gratuite ne rassemble qu'une population non renseignée. Dans un cas, il y a des individus dans leur diversité ; dans l'autre, il n'y a qu'une masse qui fait bloc. C'est pourquoi, à partir d'un certain seuil d'abonnés qui, finalement, a été atteint plus vite que nous ne le pensions et au-delà de ce que nous anticipions, on ne peut plus parler d'un public mais de publics. Il y en a forcément plusieurs, aux motivations différentes, aux opinions divergentes, aux attentes diverses. Les fils de commentaires ou les billets de blogs de Mediapart portent régulièrement témoignage, avec des effets de loupe grossissants, de cette réalité plurielle des publics.

Dès lors, un journal indépendant rencontre son moment de vérité : être suffisamment libre pour assumer de déplaire à ses lecteurs. C'est inévitable tant les révélations qui conforteront les engagements de certains d'entre eux déplairont à d'autres, tout comme des analyses, voire des partis pris éditoriaux, pourront déranger les opinions d'autres encore. La qualité d'un espace public numérique suppose donc l'acceptation raisonnée d'être bousculé, contredit, bref, remis en cause. Or l'Internet de la gratuité, donc de la foule et de la masse, est aussi celui où l'on est entraîné, y compris par les algorithmes des plateformes, à ne croire que ce que l'on pense et à ne voir que ce que l'on croit. Au service de la course à l'audience et de la quête d'instantanéité, la technologie y est utilisée pour ruiner cette évidence démocratique qu'une conviction ne fait pas une information. Journalistes, nous savons d'expérience que c'est même tout l'inverse : sauf à enfermer l'irruption du réel dans une idéologie préconçue, il ne suffit vraiment pas de croire que l'on pense politiquement juste pour informer vrai.

Tout le défi d'un journal numérique devenu populaire, sorti de la protection que lui offrait un public plus confidentiel, est de réussir à faire vivre ces principes aussi dérangeants qu'essentiels d'une conversation démocratique, entre individus libres et autonomes, capables de se remettre en cause et de penser contre eux-mêmes. La différence, et elle est notable, qu'introduit la révolution numérique, c'est que cette exigence est réciproque : les publics d'un journal peuvent aussi inviter sa rédaction à penser contre elle-même... Dans tous les cas de figure, ils ne sont pas réduits à protester silencieusement, comme quand ils choisissaient de ne plus acheter un journal imprimé qui leur déplaisait. Ils ont désormais la possibilité de contester, haut et fort, leur journal dans ses propres colonnes numériques.

Journalistes et publics d'une presse participative exigeante avec elle-même, avec ses professionnels comme avec ses lecteurs, nous sommes ainsi condamnés à construire une relation nouvelle faite d'éducation mutuelle[1]. Comment réussir à se respecter suffisamment pour accepter d'entendre ce qui nous déplaît ou nous dérange ? De la réponse à cette question dépendra l'avenir d'une presse de qualité numérique capable de faire nombre face aux médias d'audience, de foule et de masse, que leur logique purement marchande entraîne à remplacer les difficultés de l'information, ses nuances et ses contradictions, par les facilités de l'opinion, ses évidences et ses préjugés.

Dans sa préface au livre de Jean Schwœbel, paru en 1968, le philosophe Paul Ricœur, qu'ensuite les événements n'allaient pas épargner alors même qu'il avait soutenu les étudiants de Nanterre, s'en prenait déjà à « la presse commercialisée pour qui l'information est

---

1. Dans le sillage du pragmatisme américain et, notamment, de John Dewey, la philosophe Joëlle Zask distingue dans la participation le fait de prendre part (qui ne signifie pas faire partie), de contribuer (soit apporter une part) et de bénéficier (ou recevoir une part). Joëlle Zask, *Participer. Essai sur les formes démocratiques de la participation*, Le Bord de l'eau, 2011.

LA VALEUR DE L'INFORMATION

une marchandise[1] ». « Soumise aux impératifs de la publicité et des gros tirages, poursuivait-il, livrée à la recherche du sensationnel, elle amplifie les préjugés et les haines, et entretient l'égoïsme collectif des nations nanties, le chauvinisme instinctif et le racisme latent de la population. » Il ne nous est guère difficile de trouver l'équivalent, autrement puissant et démultiplié, dans le monde communicationnel d'aujourd'hui. Dès lors, insistait Ricœur, la presse de qualité est celle qui, tout en informant sur les faits, sera capable de « parler contre les préjugés de la foule » et de « lutter contre cette tentation de manipuler, de dégrader, et parfois d'avilir ».

Mais sans doute faut-il aller au-delà, en nos temps instables et incertains qui évoquent parfois ce somnambulisme collectif qui mena l'Europe et, avec elle, le monde entier au bord de l'anéantissement[2]. Ne pas seulement parler contre les préjugés de la foule, mais savoir aussi parler contre le trop-plein de certitudes. Dans cet esprit, j'aime me souvenir de cette alarme que portèrent, en 1973, quelques hautes figures intellectuelles réunies par le mathématicien Laurent Schwartz. C'était un texte collectif qui pensait contre les fausses évidences, mensongères et meurtrières, qu'épousaient certaines des radicalités démagogiques de l'après-1968[3] :

1. Jean Schwœbel, *La Presse, le Pouvoir et l'Argent*, op. cit., p. 9.
2. Cf. Christopher Clark, *Les Somnambules. Été 1914 : comment l'Europe a marché vers la guerre*, Flammarion, « Au fil de l'histoire », 2013.
3. Publié dans *Le Monde* du 4 juillet 1973, ce manifeste démocratique affirmait notamment ceci : « Il n'y a pas de problème de la fin et des moyens. Les

« Aucun pays, aucun régime, aucun groupe social n'est porteur de la vérité et de la justice absolues, et sans doute aucun ne le sera jamais, pouvait-on y lire. La terrifiante expérience du stalinisme, la transformation d'intellectuels révolutionnaires en apologistes du crime et du mensonge, montrent jusqu'où peuvent conduire les identifications utopiques et l'attrait du pouvoir, ces tentations caractéristiques de l'intellectuel contemporain. » Cet appel solennel, où l'on entend l'écho de la critique orwellienne de l'esprit de gramophone, se terminait par ces lignes, qui pourraient exprimer, aujourd'hui, le cap qu'entend suivre Mediapart quelles que soient les tempêtes à venir : « Il n'y a pas de César individuel ou collectif qui mérite l'adhésion de tous. L'idéal d'une société juste n'est pas celui d'une société sans conflit – il n'y a pas de fin de l'Histoire – mais d'une société où ceux qui contestent peuvent, à leur tour, quand ils viennent au pouvoir, être contestés, d'une société où la critique soit libre et souveraine, et l'apologétique inutile. » Ici, le non-alignement n'est pas un refus de s'engager. C'est même tout le contraire : un engagement démocratique radical.

---

moyens font partie intégrante de la fin. Il en résulte que tout moyen qui ne s'orienterait pas en fonction de la fin recherchée doit être récusé au nom de la morale politique la plus élémentaire. » Parmi ses nombreux signataires, on remarquait, autour de Laurent Schwartz, Lucien Bianco, Jean Cassou, Jean-Jacques de Felice, Marc Ferro, Charles Malamoud, Edgar Morin, Pierre Pachet, Michelle Perrot, Maxime Rodinson, Claude Roy, Jean-Pierre Vernant et Pierre Vidal-Naquet.

Une aventure collective

Le logo de Mediapart est un crieur de journaux. Faisant écho et lien entre l'univers du papier et le monde du numérique, ce choix soulignait d'emblée l'analogie recherchée par notre site, dans son atmosphère, ses usages et ses repères, avec la culture de l'imprimé, du journal que l'on feuillette, du quotidien que l'on vend à la criée. Mais l'histoire cachée de ce petit bonhomme, gamin des rues criant les nouvelles, évoque aussi la longue durée des combats pour la liberté.

C'était en effet un hommage à l'aventure des éditions François Maspero, qui avaient eu pour symbole cette même image du crieur, dans une version tirée d'une gravure du XIXᵉ siècle dont s'était inspiré Brice Laurent, le graphiste de la Netscouade, l'agence digitale fondée par Benoît Thieulin qui fut notre partenaire pour le lancement. Au-delà de sa signification évidente, notre crieur de journaux s'est donc imposé à l'instar d'une petite madeleine proustienne : un salut fraternel à une autre aventure d'indépendance et de liberté qui a profondément marqué ma génération, celle de la maison d'édition créée à l'enseigne de son propre nom par François Maspero. C'était en 1958, en pleine guerre d'Algérie, dans un moment de grave crise politique qui vit la fin d'une République et la renaissance de ce présidentialisme français qui, hélas, nous occupe encore[1].

Libraire, Maspero se fit éditeur selon une morale dreyfusarde qui exigeait d'énoncer les vérités dérangeantes et dissonantes. Sa première collection, qui plaçait ses éditions sous le signe de l'insoumission et de l'indocilité, se nommait « Cahiers libres », en explicite filiation des *Cahiers de la Quinzaine*, créés par Charles Péguy, ce dreyfusard aussi inclassable qu'incontrôlable. Péguy qui, dans l'article manifeste du premier numéro desdits *Cahiers*, en 1900, se proposait de « dire bêtement la vérité bête, ennuyeusement la vérité ennuyeuse, tristement la vérité triste ». Explicitant ce choix dans la première édition de Mediapart, le 16 mars 2008, j'avais alors ajouté ceci : « Nous espérons ne pas être ennuyeux ou tristes. Mais nous nous engageons à dire les vérités, toutes les vérités de fait, sans lesquelles il n'y a pas de débat d'opinion véritable et élevé, fussent-elles bêtes, tristes, ennuyeuses, embêtantes, dérangeantes. » Puis j'avais rappelé que François Maspero, en lançant ses « Cahiers libres », avait ajouté cette autre citation de Péguy l'ombrageux : « Ces Cahiers auront contre eux les salauds de tous les partis. »

---

1.   Collectif, *François Maspero et les paysages humains*, À plus d'un titre / La Fosse aux ours, 2009.

Bref, nous étions prévenus. Toute aventure éditoriale, par le livre ou par la presse, qui assume de s'avancer à contre-courant, de risquer joyeusement et de batailler sérieusement, se verra confrontée, un jour ou l'autre, à une coalition d'aigreurs et de jalousies, de détestations et d'envies. Notre crieur s'est donc jeté dans la mêlée et, plus souvent qu'à mon tour, j'ai publiquement assumé ce rôle. Il le fallait, il le faut encore sans doute, non seulement pour briser le mur d'indifférence qui, les premières années, faisait silence autour de nous, mais aussi pour défendre nos informations contre les intérêts qu'elles dérangent. Je ne sais s'il existe de précédent, dans l'histoire de la presse, où un journal aura dû tant batailler dans les médias comme devant les tribunaux pour faire droit aux vérités d'intérêt général qu'il révélait[1].

Ce fut le cas avant même notre lancement quand, avec le pré-site créé le 2 décembre 2007 pour annoncer notre projet, nous dûment faire face à pas moins de douze plaintes des dirigeants des Caisses d'Épargne contre une enquête annonciatrice de la crise financière. Plaintes qui furent toutes piteusement retirées quand l'explosion de la bulle spéculative vint confirmer, au-delà de nos pronostics, ce que nous dévoilions. Ce fut,

---

1. En dix ans, Mediapart a fait face à près de cent cinquante procédures judiciaires, dans lesquelles Mes Jean-Pierre Mignard et Emmanuel Tordjman ont assuré notre défense. Elles se sont toutes conclues en notre faveur sauf trois d'entre elles, qui nous ont valu des condamnations définitives pour diffamation : une pour une erreur matérielle rectifiée depuis ; une deuxième du fait d'un délai pour le contradictoire insuffisant ; une troisième pour avoir rectifié les propos d'une interview.

et c'est encore le cas, devant la Cour européenne des droits de l'homme, pour nos révélations de l'été 2010 dans l'affaire Liliane Bettencourt, qui ont entraîné une décision judiciaire sans précédent nous obligeant à censurer plus de soixante-dix articles, alors que leur contenu était reconnu comme preuve par la même justice pour condamner ceux qui ont abusé de la faiblesse de la milliardaire[1]. Ce fut le cas, évidemment, tant l'opinion se souvient de ces quatre mois de bataille solitaire de Mediapart face au monde médiatique, pour l'affaire Jérôme Cahuzac, qui n'aurait jamais connu son épilogue si nous n'avions pas décidé d'interpeller publiquement la justice sur son immobilisme face à des faits d'évasion et de fraude fiscales visant le ministre du Budget de la République[2]. Enfin, c'est le cas depuis bientôt sept ans dans l'immense scandale libyen concernant Nicolas Sarkozy et son entourage, cette affaire des affaires, toujours en attente judiciaire, qui n'aurait jamais vu le jour sans Mediapart et qui dévoile la compromission financière d'un clan présidentiel avec un dictateur, secret si lourd qu'il fut au ressort d'une intervention militaire désastreuse, soldée par la mort de Mouammar Kadhafi[3].

1. Cf. Fabrice Arfi et Fabrice Lhomme (avec la rédaction de Mediapart), *L'Affaire Bettencourt, un scandale d'État*, Don Quichotte, 2010.
2. Cf. Fabrice Arfi (avec la rédaction de Mediapart), *L'Affaire Cahuzac, en bloc et en détail*, Don Quichotte, 2013. La lettre adressée par Mediapart au procureur de la République le 27 décembre 2012 peut être lue ici, sur mon blog : http://bit.ly/2qCdbhl.
3. Cf. Fabrice Arfi et Karl Laske, *Avec les compliments du Guide. Sarkozy-Kadhafi, l'histoire secrète*, Fayard, 2017.

Tel un gavroche montant sur sa barricade, le crieur de Mediapart s'expose, forcément. Bouclier d'une aventure collective, il prend le risque d'une personnalisation piégeuse. Si j'ai tenu à écrire cet essai, c'est pour échapper à ces réductions simplistes qui font écran à la richesse d'une histoire dont je ne suis qu'un des protagonistes. J'ai aussi voulu rendre compte, dans une sorte de bilan après dix années de mandat, pour à la fois partager cette expérience et la transmettre à celles et ceux qui prendront, un jour prochain, le relais. J'ai enfin souhaité qu'au-delà des polémiques superficielles et des concurrences éphémères on puisse remonter la trace d'une invention, celle de ce journal à part qui, désormais, fait partie de l'histoire de la presse française et, partant, de notre espérance démocratique.

L'aventure ne fait que commencer, tant il reste à faire. Bien sûr, pérenniser l'indépendance de ce journal, c'est-à-dire le mettre définitivement à l'abri en sanctuarisant sa propriété dans une structure à but non lucratif, tout à la fois non cessible et non achetable[1]. Mais aussi refonder l'écosystème de l'information dans cette démocratie française de si basse intensité. En somme, continuer à se battre pour qu'enfin, la mer qui entoure ce petit poisson médiatique habile à se faufiler entre les requins qui rôdent autour soit vraiment dépolluée. Ce sera l'affaire de la génération qui, en réalité, a vraiment fait Mediapart.

---

1. J'explicite ce projet dans l'avant-propos de la réédition du livre de Jean Schwœbel déjà mentionnée.

Je ne parle pas de ses cofondateurs, qui approchent de la retraite, mais de toute cette jeunesse qui n'avait pas la trentaine quand l'aventure a commencé et dont c'est devenu, définitivement, l'histoire. Elles et ils ont fait ce journal qui, bientôt, leur appartiendra.

Le jour du passage de témoin approche. Quand il aura lieu, je me souviendrai de ces lignes d'une des premières figures féminines du journalisme, formée à l'école de Jules Vallès l'insurgé, l'irréductible Séverine. Séverine dont les « Notes d'une frondeuse » rehaussaient la Une de *La Fronde*, le premier quotidien entièrement conçu, produit, fabriqué et dirigé par des femmes, fondé par Marguerite Durand en 1897[1]. En 1922, alors qu'approchait le moment de s'en aller, cette flamboyante libertaire écrivit, à propos du métier que j'ai voulu, ici, défendre, ces mots que j'ose faire miens : « Accepter d'un cœur ingénu et fervent d'être un passant, un éphémère, de mourir tout à fait, fût-ce dans la mémoire des hommes, ce qui est, paraît-il, le comble du malheur... Journalistes, nous sommes pareils aux feuilles des arbres que le printemps voit naître et que l'hiver voit expirer. De quelle importance est cela, si nous avons donné notre parcelle d'ombre, de fraîcheur et d'abri.[2] »

---

1. Créé le 9 décembre 1897, *La Fronde* sera quotidien jusqu'en octobre 1903, puis mensuel jusqu'en mars 1905 avant de disparaître. Séverine, de son vrai nom Caroline Rémy, fut l'une de ses grandes signatures ainsi que la future exploratrice Alexandra David Neel. Sur Séverine, lire Paul Couturiau, *Séverine, l'insurgée*, Monaco, Éditions du rocher, 2001, et Évelyne Le Garrec, *Séverine (1855-1929). Vie et combats d'une frondeuse*, Paris, l'Archipel, 2009.
2. *Le Cri du Peuple*, 7 octobre 1922.

COMBAT POUR UNE PRESSE LIBRE

Publié en 2009 aux éditions Galaade, aujourd'hui dispa-rues, ce texte fut écrit comme un Manifeste de Mediapart, un an après la création de ce journal en ligne et deux ans après l'élection de Nicolas Sarkozy à la présidence de la République française.

Il est ici précédé des préfaces à ses éditions en langue espagnole (2012), chez Edhasa à l'occasion du lancement de notre partenaire infoLibre dont Mediapart est action-naire, et en langue arabe (2015), chez l'éditeur cairote Sefsafa dans une Égypte de nouveau soumise à un régime autoritaire qui met en cause les libertés fondamentales, dont celles de la presse.

Sauf quelques corrections de forme, mineures, je n'ai pas modifié le texte initial mais j'ai ajouté quelques notes de contexte ou de référence.

La valeur de l'indépendance

Préface à l'édition espagnole (2012)

Ce Manifeste pour une presse libre aurait pu s'intituler *Le Grain de sable*, en écho à sa chute : « Être le grain de sable que les plus lourds engins, écrasant tout sur leur passage, ne réussissent pas à briser »... Empruntée à Jean-Pierre Vernant, figure emblématique de ces hommes et de ces femmes qui surent résister aux catastrophes du siècle dernier, cette phrase invitait tout simplement à dire non. Non aux injustices supposées inéluctables, non aux compromissions dites inévitables, non aux résignations déclarées fatales. Non à tout ce qui soumet et corrompt le journalisme, sa nécessité démocratique et sa vitalité professionnelle.

C'est pourquoi ce texte est indissociable du laboratoire journalistique qui en a inspiré le contenu et nourri le propos, un an après sa fondation, le 16 mars 2008 : Mediapart. Ce journal en ligne fut bel et bien le grain de sable de la présidence de la République française sous Nicolas Sarkozy, jusqu'à sa non-réélection en 2012. Travaux pratiques des valeurs défendues dans ce Manifeste, ses révélations en cascade n'ont cessé de dévoiler une réalité corrompue et corruptrice derrière la fiction proclamée d'une présidence irréprochable. Affaires Karachi, Bettencourt, Tapie, Takieddine, Kadhafi : pour ne s'en tenir qu'aux principaux, ici résumés en un mot-clé, tous ces dossiers ont mis au jour un monde de privilèges et d'arrogance dont l'argent est devenu le seul moteur, sa quête éperdue et toujours inassouvie autorisant une incessante transgression des lois communes.

Installée au cœur de la modernité technologique, ce fut donc une nouvelle presse, totalement inédite, à la fois numérique et participative, qui défendit alors le meilleur de la tradition professionnelle. Elle le fit, de plus, avec le seul soutien de ses lecteurs, frayant la voie pionnière de l'information payante sur Internet, en démontrant que le public était toujours prêt à payer si la qualité, l'indépendance et la confiance sont au rendez-vous de ses attentes. Telle fut, pour tous ceux qui font profession d'informer, la bonne nouvelle apportée par la rapide réussite de ce pari jugé fou par tous les analystes de la crise de la presse : rentable et profitable au bout de deux ans et demi, à partir de l'automne 2010, Mediapart prouvait que l'on pouvait créer de la valeur à partir du seul travail des journalistes. À condition toutefois que ce travail retrouve sa jeunesse démocratique, son ambition et son exigence.

De ce point de vue, qu'il ait fallu l'existence de ce seul petit grain de sable médiatique pour enrayer la machinerie communicante d'un pouvoir omnipotent, cette « hyperprésidence » sarkozyste dont la puissance était aussi bien politique qu'économique, étatique que médiatique, idéologique qu'oligarchique, est à la fois rassurant et inquiétant. Rassurant en ce sens que cela conforte l'idéal démocratique qui inspire le journalisme soucieux de l'intérêt général : des informations peuvent modifier les opinions, des vérités de fait peuvent ébranler les vérités de conviction, des révélations peuvent réveiller le public. Inquiétant en cet autre sens que cela souligne l'immense fragilité de l'écosystème médiatique français : que serait-il advenu si Mediapart n'avait pas existé et n'avait pas repris le flambeau alors délaissé presque partout ailleurs, celui de l'investigation, avec ce que cela suppose d'indépendance sourcilleuse envers tous les pouvoirs, qu'ils soient politiques ou économiques ?

La réussite à contre-courant de Mediapart – réussite qu'il nous faut encore consolider par la construction d'une indépendance durable – confirme donc le cri d'alarme qui anime ce Manifeste, tout comme elle indique la seule voie d'un sursaut véritable : parier radicalement sur l'indépendance, seul levier d'une valeur retrouvée du journalisme, de ses métiers et de ses entreprises. Journalistes de tous les pays, sauvons-nous nous-mêmes ! lance en quelque sorte Mediapart à toute la profession, dans une leçon de choses sans frontières tant cette démonstration ne vaut pas que pour la France.

Face à l'immense crise que traversent nos professions de l'information et dont ce Manifeste s'efforce de rendre compte, c'est d'abord aux journalistes qu'il appartient de monter en première ligne pour défendre une liberté qui n'est pas leur privilège mais le droit des citoyens : le droit à une information honnête et loyale, rigoureuse et pluraliste, bref, exigeante et indépendante. C'est à eux qu'il revient, au premier chef, de se battre contre les nouvelles servitudes maquillées en fatalités auxquelles on voudrait les soumettre, sauf à disqualifier, par leur résignation, la démocratie qui les légitime, avec en son ressort ce droit de savoir des citoyens dont ils sont les instruments. Car, s'ils ne relèvent pas ce défi, s'ils ne résistent pas aux corruptions qui menacent l'intégrité de leur profession, ils finiront par perdre tout crédit auprès du public.

Ces corruptions, ce sont les mêmes depuis toujours, ravivées aujourd'hui par la financiarisation folle d'une économie devenue casino et par l'autoritarisme croissant de ses fondés de pouvoir : le journalisme de gouvernement et la presse d'industrie. Le premier renonce à son agenda autonome pour épouser celui des puissants, se plier à leurs fictions démagogiques, démoraliser toute alternative à leurs politiques, embrayer sur les peurs et les haines qu'ils alimentent pour survivre. La seconde accepte que des acteurs financiers extérieurs aux métiers de l'information s'infiltrent, voire s'imposent, au cœur des entreprises de presse afin de faire en sorte que les médias ne dérangent jamais leurs propres intérêts privés et, de ce fait, corrompant l'essence même du métier de journaliste, sa loyauté envers le public des citoyen.ne.s cédant alors le pas à la soumission à ses employeurs.

Moteur technologique, après la machine à vapeur et l'électricité pour les deux précédentes, de la troisième révolution industrielle de nos âges modernes, la révolution numérique est, de ce point de vue, un champ de bataille. Un accélérateur et un révélateur. C'est une évidence que, du journal au livre, elle déstabilise profondément les métiers de l'écrit, inscrits depuis deux siècles dans une culture de l'imprimé et de son support papier. Chaîne de fabrication, modes de commercialisation, ancienne division du travail, pratiques et habitudes culturelles, etc. : on n'en finirait pas d'énumérer les bouleversements induits dans notre quotidienneté par ce développement accéléré d'Internet, de son accessibilité, de la diversité de ses supports et de la profusion de ses contenus.

Bref, l'écrit est irréversiblement entré dans l'ère du sans-papier et du non-imprimé. Mais ce nouvel âge de la lecture n'est pas exclusif. Il se surajoute au précédent, le modifie sans aucun doute, mais ne le supprime en aucun cas. Pas plus que la radio puis la télévision n'ont tué le journal ou le livre, le numérique n'est pas l'arrêt de mort du papier ou de l'imprimé. Et encore moins de la lecture de qualité. Car c'est aussi un extraordinaire levier de démocratisation où professionnels et amateurs inventent une nouvelle relation, plus participative, plus confiante, plus qualifiante. Univers sans frontières, Internet fait aussi tomber des barrières – sociales, culturelles, économiques – qui, hier, hiérarchisaient, excluaient, mettaient à distance.

Nulle naïveté dans ce constat : c'est évidemment un affrontement qui se joue, comme ce fut le cas lors des deux précédentes révolutions industrielles. Entre travail et capital. Entre producteurs et créateurs d'un côté, spéculateurs et profiteurs de l'autre. Entre la liberté et ses principes, d'un côté, et, de l'autre, la marchandise et ses avidités. Entre celles et ceux qui entendent créer de la valeur durable et d'autres qui la détruisent, cherchant des profits immédiats. Entre le souci du travail, qui est à l'origine de toute création de valeur pérenne, et l'absolu du capital, transformé par la finance en fin plutôt qu'en moyen. Bref, entre ceux qui, au cœur de cette modernité numérique, défendront le meilleur de la tradition et ceux qui feront de cette modernité le cheval de Troie d'une destruction de la tradition.

De cette destruction, nous avons déjà les preuves : une presse au fil de l'eau, livrée aux financiers, oubliant ses lecteurs et lectrices, sacrifiant ses travailleurs et travailleuses, courant après les subsides publicitaires ou étatiques, effaçant les frontières déontologiques, publicisant la vie privée à mesure que se privatise la chose publique, délaissant le souci de l'intérêt général, recherchant l'audience de la foule plutôt que la fidélité d'un public, cédant au racolage au détriment de l'élévation, taisant par-dessus tout ce qui dérange ses mécènes, bref, saisie par la vénalité. Rien ne sert de s'épuiser à le déplorer ou à le dénoncer si nous ne tentons pas de tracer la route d'une renaissance où le journalisme, en retrouvant ses idéaux, prouve qu'ils sont source de valeur : valeur individuelle du travail, valeur collective des entreprises, valeur essentielle de la démocratie.

D'une inquiétude faire une espérance : telle était l'ambition de ce Manifeste, tel était le pari de Mediapart. En y ajoutant la vertu de l'exemple : prendre son risque, saisir sa chance, vivre sa liberté. « Peut-on enseigner le courage moral ? », demandait en 1903 Joseph Pulitzer dans *Sur le journalisme*, plaidoyer pour une identité professionnelle dont le sentiment d'appartenance ne serait « pas fondé sur l'argent, mais sur la morale, l'éducation et la force de caractère ». Il n'est pas indifférent que l'idéalisme revendiqué dans cet essai soit celui d'un journaliste dont la légendaire réussite, en tant qu'entrepreneur de presse, eut comme ressort premier la valeur sociale de ce métier : son utilité et sa responsabilité démocratiques.

À la fin de sa vie, Pulitzer, dont l'itinéraire unit l'Europe et l'Amérique, de sa Hongrie natale et sa culture germanique à sa naturalisation états-unienne, s'insurgeait contre les « puissants intérêts financiers » qui menaçaient la presse. Aussi enjoignait-il aux journalistes de refuser « le culte de la richesse » et de servir « l'esprit public », insistant même sur l'importance de leur résistance individuelle : « La certitude qu'un journaliste de bonne réputation refuserait de diriger un journal représentant des intérêts privés opposés au bien public suffirait à elle seule à décourager une telle entreprise. » « Sans la confiance du public, il n'y a pas d'influence possible », concluait Joseph Pulitzer, indiquant la seule voie d'un sursaut professionnel garant de réussite économique : l'indépendance.

Cette exigence, qui mêle le droit à l'information du public et le nécessaire pluralisme des opinions, nous oblige. Et son enjeu nous dépasse car ce n'est rien moins que la démocratie, son intensité quotidienne et sa vitalité créatrice, quand tant d'intérêts oligarchiques se liguent pour l'affaiblir et la dévitaliser, l'accaparer et se l'approprier.

Paris, octobre 2012

Un idéal sans frontières
Préface à l'édition égyptienne (2015)

Qu'est-ce que la démocratie ? C'est le régime de n'importe qui. Sans privilège de naissance, de fortune ou de diplôme, j'ai le droit de m'en mêler. Sans avantage d'origine, de milieu, d'appartenance, j'ai le droit de participer. De m'exprimer, de protester, de manifester, de voter, d'être candidat.e, d'être élu.e et, même, de gouverner. Tels sont à la fois la promesse et le scandale démocratiques. Ceux de l'égalité des droits, ceux du peuple souverain, ceux de la liberté des citoyen.ne.s.

Promesse à la manière d'un horizon, toujours recherché et se dérobant en même temps, embrassé par le regard et cependant hors d'atteinte. Un idéal qui appelle le mouvement, l'implication et la mobilisation, tout comme la ligne d'horizon, lors d'une randonnée, nous met en branle, poussant les marcheurs à atteindre le sommet, à arpenter la crête, à chercher le point de vue. Autrement dit, la démocratie comme promesse en construction permanente parce que forcément inachevée.

Scandale parce que cet idéal démocratique, quels que soient les époques et les contextes, aura toujours devant lui, sans cesse renaissantes et reconstruites, de nouvelles oligarchies. Je suis bien né, j'ai les réseaux ; je suis fortuné, j'ai les moyens ; je suis diplômé, j'ai le savoir. Pour toutes ces raisons, je serai mieux à même de décider, de diriger, de gouverner que le n'importe qui démocratique, a priori démuni de toutes ces qualités. Dès lors, la politique est forcément conduite d'en haut, inspirée et éclairée par ceux qui s'en croient les ayants droit, propriétaires ou dépositaires, et non pas animée et imaginée d'en bas par le souverain peuple supposé la légitimer.

C'est pourquoi la démocratie est un défi permanent. Comment faire vivre le n'importe qui de sa promesse ? Comment éviter qu'il ne soit toujours supplanté par les élites du pouvoir, de l'avoir et du savoir ? Comment lui permettre d'assumer son rôle, faire en sorte qu'il puisse agir sans aveuglement, choisir avec lucidité, voter et gouverner en connaissance de cause ? Pour discerner, me prononcer, m'orienter, trancher, décider, assumer ma responsabilité démocratique, il faut non seulement que je sache ce qui a été fait, ou non, en mon nom, mais aussi que j'aie les moyens d'une intelligibilité du présent, lequel est lui-même encombré de passé.

Bref, il faut que je sois informé.

La question de l'information, avant de devenir un enjeu professionnel ou une affaire économique, est donc au cœur de la vitalité démocratique elle-même. Ce n'est pas une question annexe ou seconde, mais la condition essentielle et première de sa promesse, ce gouvernement de n'importe qui. Le droit de savoir en est la garantie : sans connaissance égale des faits d'intérêt public, pas de cité commune ; sans accès partagé aux informations qui la conditionnent, pas de démocratie vivante. Proclamer ce droit, c'est donc refuser la confiscation de la politique par ceux qui prétendent savoir quand d'autres ne pourraient jamais savoir.

En ce sens, tout est lié : l'intolérance envers l'indocilité de l'information et l'indifférence à la vitalité de la démocratie. L'égalité devant l'information, sa liberté de circulation et le respect de son indépendance prennent racine dans les présupposés radicaux de l'imaginaire démocratique : l'abolition des privilèges, le refus des oligarques, le pouvoir de n'importe qui, c'est-à-dire de chacun et chacune d'entre nous.

Cet idéal n'a pas de nation ou de civilisation propriétaires.

En 2011, de Sidi Bouzid, en Tunisie, à la place Tahrir, en Égypte, il fut porté au cœur du monde arabe par des hommes et des femmes qui parlaient le même langage que les Gavroche parisiens des Trois Glorieuses du peuple français, en 1830. On le sait trop peu : ces trois journées de soulèvement populaire contre la monarchie restaurée avaient pour moteur la défense de la liberté de la presse. Et la colonne qui se dresse au milieu de

la place de la Bastille, à Paris, ne témoigne pas de la
Révolution française de 1789 mais du sacrifice de ces
ouvriers et artisans qui donnèrent leur vie pour une
liberté qu'ils jugeaient indispensable à leur émancipa-
tion matérielle, à la défense de leurs droits élémentaires
– trouver un travail, aller à l'école, vivre décemment,
avoir un logement, pouvoir se soigner, etc.

Écrit en 2009 dans un contexte français, ce manifeste
pour le droit de savoir et la liberté de dire plaide donc
pour des idéaux sans frontières, des rives de la Seine
aux bords du Nil.

Mais leur adversaire est aussi sans frontières : c'est
cette politique de la peur qui prend argument des
menaces terroristes et des urgences sécuritaires pour
réduire nos libertés, voire les piétiner. Or ces politiques
aveugles ne font qu'aggraver la catastrophe en offrant
aux idéologies totalitaires qui arment la terreur leur plus
belle victoire : le renoncement à l'idéal démocratique.
Elles sont aussi irresponsables dans l'instant qu'inefficaces dans la durée.

Il revient au journalisme libre de le faire savoir par
son travail d'information, au service du public. Et, ce
faisant, d'ouvrir la route aux nouvelles renaissances qui,
demain, permettront aux peuples concernés d'être à nouveau maîtres de leurs destins. Car l'Histoire n'est jamais
terminée, toujours en marche, sans cesse recommencée.

Qu'ils soient emprisonnés, menacés, censurés ou visés
par des législations liberticides, comme c'est le cas avec

la récente loi antiterroriste, les journalistes égyptiens affrontent ce défi dans un contexte autrement dramatique que le mien, en France.

C'est avec humilité que je leur dédie, en vive fraternité, cette édition en langue arabe.

Paris, juillet 2015

Le Manifeste de Mediapart
(2009)

Nous sommes journalistes, et nous ne nous résignons pas aux trois crises – démocratique, économique, morale – qui minent l'information en France, sa qualité et son utilité, son honnêteté et sa liberté. Réduisant la politique de tous au pouvoir d'un seul, notre présidentialisme exacerbé ruine l'esprit démocratique, corrompt l'indépendance des hommes et dévitalise l'expression de la liberté. Aggravé dans son dernier avatar, il ne se contente pas d'imposer son calendrier à l'information, son omniprésence aux médias et son oligarchie financière aux entreprises de presse. Il sape l'indépendance du service public audiovisuel, pourchasse dans les prétoires l'irrévérence et l'indocilité, convoque la presse écrite en son palais comme s'il en était le régent, joue non sans perversité avec les carrières et les ambitions, promeut ou sanctionne selon son bon plaisir. Dans cette culture politique-là, un journaliste est un adversaire qu'il faut séduire ou soumettre, vaincre dans tous les cas. Pour preuve, le dernier épisode de cette offensive, dont la direction de la radio publique nationale fut l'enjeu, pédagogie de l'avilissement du journalisme et mise en scène de la trahison de ses principes[1].

Cette régression démocratique profite de l'occasion offerte par l'ébranlement, voire l'effondrement, de l'ancien monde médiatique. Économiquement, la presse française est entraînée dans une spirale dépressive sans fin : des déficits qui se creusent, des lecteurs qui s'en vont, des recettes publicitaires qui se réduisent et des plans sociaux qui se répètent, privant les journaux de leur capital le plus précieux – l'expérience de celles et ceux qui les font. Opium des temps de crise en vue d'étouffer des révoltes logiques, l'argument de la fatalité est de circonstance et de commodité : il masque les responsabilités de dirigeants légers ou avides, plus soucieux de leurs réussites égoïstes que de leurs devoirs professionnels.

Économie et politique vont ici de pair : une presse fragile est une presse faible. Et une presse faible est très souvent une presse sinon corrompue, du moins corruptible sur le terrain même où se jouent son utilité, sa valeur d'usage et sa légitimité démocratique : l'information – sa qualité, sa pertinence et son indépendance. Le premier résultat tangible de la crise financière

---

1. Quand fut écrit ce Manifeste, le président de la République française, Nicolas Sarkozy, imposa à la tête de Radio France, la radio publique, Jean-Luc Hees sur la recommandation de Philippe Val, qui quitta la direction de *Charlie Hebdo* pour celle de France Inter.

traversée depuis une décennie par la presse de qualité hexagonale aura été sa sourde normalisation : tandis qu'à la manière de Sisyphe elle s'épuisait à courir derrière d'improbables rentabilités, des mondes extérieurs au journalisme, à ses métiers comme à ses finalités, s'imposaient dans la place, faisant valoir des intérêts contraires à ceux d'une information libre.

Tout semble fait, aujourd'hui, dans ce pays et en cette époque, pour démoraliser le journalisme, ses valeurs, ses idéaux, sa jeunesse en somme. Certes, les résistances ne manquent pas, mais elles restent encore éclatées, dispersées ou isolées, tandis que, dans l'opinion, monte un sentiment diffus d'urgence, entre impatience et révolte, mêlé, hélas, d'impuissance. Le rapport de forces général semble d'autant plus défavorable qu'à cette crise spécifiquement française d'une presse encombrée par un vieil héritage de fragilités et de timidités s'ajoutent les bouleversements induits par la révolution industrielle dont le numérique est le moteur et Internet le symbole. Les anciens modèles économiques volent en éclats, les vieilles cultures professionnelles sont déstabilisées et le journalisme peine à trouver ses marques dans ce tourbillon.

Dans ce moment particulier, ce Manifeste, comme l'expérience professionnelle dont il est issu, est une invite au refus et l'ébauche d'une renaissance. Dialectique de l'inquiétude et de l'espérance, la crise sera ce que nous en ferons, entre progrès et régressions. À la fois espace de résistance, laboratoire de recherche et atelier de création, la nouvelle presse numérique invente et préserve, innove et prolonge. Protégeant l'indépendance et le pluralisme de l'information par le secours et le recours de lecteurs contributeurs, elle s'efforce de sauver le meilleur du passé tout en risquant le pari du futur. Pour la communauté des journalistes, elle fraye d'autres voies que le renoncement ou l'accommodement, prouve qu'elles sont réalistes et fructueuses, réinvente un avenir où notre travail retrouve crédit et valeur. Pour l'ensemble des citoyens, elle propose une nouvelle alliance avec les professionnels de l'information, dans laquelle ceux-ci s'efforcent de retrouver le chemin du public en s'attachant à leur propre responsabilité démocratique, en se concentrant sur la qualité de leurs informations et en retrouvant une authentique exigence éthique.

En ce sens, les aventures de liberté qu'autorise Internet sont bien plus que l'émergence de nouveaux titres de presse. Elles affirment des façons d'être et de faire qui ne demandent qu'à être partagées et suivies. Elles construisent des biens communs autant que des entreprises particulières. Ne plus subir, se battre de nouveau : tel est le désir de la cohorte de journalistes, d'itinéraires différents et de générations diverses, qui rejoignent le défi dont ce Manifeste est l'expression. Le désir, en effet, parce que, sous ses apparences austères et malgré les adversités rencontrées, la liberté revendiquée est toujours un plaisir retrouvé. Et, sauf à perdre le goût de ce métier, le journalisme, dont le sel est l'événement, l'inattendu et l'imprévu, comment nier que le risque y est forcément un bonheur ? Et qu'assumer la part de l'un c'est garantir la quête de l'autre ?

Voici donc des idées lancées pour rebondir et redonner espoir. L'espoir, non seulement d'une presse éditorialement libre et indépendante économiquement, mais surtout d'une presse profondément repensée et totalement refondée par le détour de journaux numériques inédits. Une nouvelle presse qui, ni sous-produit en ligne des journaux imprimés, ni média de complément des titres anciens, défende et expérimente, sur le Net, au cœur de la modernité, de ses potentialités et de ses opportunités, l'information qui fait sens, la nouvelle qui enseigne, le débat qui instruit et construit, l'échange des savoirs et le partage des connaissances. Bref, une presse qui ne renonce ni à la qualité ni à la référence.

Car le journalisme dont nous nous réclamons s'inscrit dans une longue tradition, indissociable de l'exigence démocratique. Son ambition est de fournir les informations d'intérêt public qui nous sont nécessaires afin de rester libres et autonomes, maîtres et acteurs de nos destins, individuel et collectif. Sa première obligation est à l'égard de la vérité, sa première loyauté envers les citoyens, sa première discipline la vérification et son premier devoir l'indépendance. Mais il ne suffit pas de revendiquer cet héritage pour lui rester fidèle, tant notre légitimité, malmenée par d'autres ou discréditée par nous-mêmes, est à reconquérir. Notre métier ne peut plus être pratiqué d'en haut, tel un argument d'autorité qui ne souffrirait pas la discussion, ni entre nous seuls, comme une histoire pour initiés qui tiendrait à distance ses lecteurs.

Avec l'avènement du média personnel, la révolution d'Internet a fait tomber de son piédestal le journalisme qui prétendait avoir le monopole de l'opinion. S'il l'avait oublié, il lui a fallu réapprendre, parfois à ses dépens, que le jugement, le point de vue, l'analyse ou le commentaire, l'engagement, l'expertise et la connaissance ne sont pas sa propriété exclusive. C'est une bonne nouvelle, car le voici ainsi remis à sa place, à sa juste place, sa raison d'être : chercher, trouver, révéler, trier, hiérarchiser, transmettre les informations, les faits et les réalités, utiles à la compréhension du monde, à la réflexion qu'elle suscite et à la discussion qu'elle appelle.

En redonnant vigueur et force à ce travail d'information, d'enquête et d'explication, de terrain et de contextualisation, il est aujourd'hui possible de défendre le journalisme tout en l'invitant à se remettre en cause dans un partenariat inédit avec des lecteurs contributeurs. Grâce à Internet, dire qu'une presse vraiment libre est celle de ses lecteurs fidèles peut ne plus être un vain mot, un argument démagogique ou un cliché commercial. Mais à condition d'échapper à la masse anonyme pour construire un public conscient et impliqué, partageant des valeurs communes et nouant une conversation démocratique.

C'est pourquoi, parmi cette nouvelle presse numérique, nous nous sommes d'emblée avancés à contre-courant de la vulgate dominante selon laquelle il n'y aurait qu'un modèle viable sur le Net, celui de l'audience et de la gratuité. On l'admet mieux aujourd'hui que la crise économique balaye bien des illusions : cette pensée unique reposait sur un mensonge et sur une chimère. Contre-vérité, puisque le gratuit ne l'est pas, tant l'on ne cesse de payer les matériels et les équipements, bref, les tuyaux qui y donnent accès. Mais, surtout, mirage, semblable aux bulles financières spéculatives, d'une gratuité qui serait massivement et durablement finançable par le tout publicitaire. De plus, cette gratuité marchande véhicule la croyance que tout se vaut puisque tout serait gratuit, le meilleur comme le pire, l'information pertinente comme la rumeur infondée. Ainsi, dans sa course au plus grand nombre, condition d'une manne publicitaire aussi improbable qu'instable, elle tire vers le bas l'information, l'uniformise et la banalise, la malmène et la dévalorise.

Il en va de la liberté de l'information comme de sa valeur : promouvoir un modèle mixte, associant la gratuité démocratique de l'échange et l'abonnement payant de l'engagement, c'est signifier qu'il faut payer pour les garantir. La liberté d'un journal, c'est la fidélité de ses lecteurs. Et la valeur de ses informations, c'est la qualité de ses journalistes. Par le détour de l'acte d'achat, la première oblige à la seconde. À condition, évidemment, que ce soit au juste prix et que le public ait son mot à dire. Résister à la gratuité marchande renforce la gratuité démocratique. La stratégie de l'abonnement allie défense de la valeur de l'information et construction d'un public de citoyens. Faire ce geste, c'est d'abord acheter la promesse d'une information exigeante, sans dépendance publicitaire ni courbe d'audience. C'est ensuite acquérir le droit de participer à un média totalement inédit, d'appartenir à sa communauté de lecteurs et de contributeurs, de faire vivre soi-même l'information, la réflexion et le débat. C'est enfin construire durablement l'indépendance de cette nouvelle presse, radicalement démocratique, dans une discussion ininterrompue entre les journalistes et leur public.

Il s'agit non seulement de résister, mais aussi d'inventer. De fonder de nouveaux modèles, d'expérimenter et de tâtonner pour mieux sauver les traditions et les héritages qui nous tiennent à cœur. D'oser un rêve, en somme. Et, de ce rêve, faire réalité. Un rêve du possible, associant utopie concrète et efficacité pragmatique. Un « Rêve générale », selon l'invite de cet autocollant populaire des manifestations récurrentes contre la double régression, sociale et démocratique, qu'incarne la vision du monde et la pratique du pouvoir à l'œuvre, en France, de nos jours. Un rêve où, comme hier et avant-hier, la liberté de la presse redeviendrait le ferment d'une révolution démocratique.

Oui, faisons un rêve. Imaginons un pays doté d'un acte fondateur sur la liberté de l'information, imposant à tout détenteur d'une parcelle d'autorité publique de répondre aux curiosités des citoyens, aux questions des journalistes, aux investigations des médias, et le contraignant à dévoiler tout document administratif nécessaire à l'information du public. Imaginons un président et une majorité qui, loin de s'effrayer d'un tel libéralisme politique, décident de l'accentuer, en proclamant que « la transparence est prioritaire ».

Imaginons encore un pays assez vigilant pour s'inquiéter des conflits d'intérêts qui pourraient nuire à la crédibilité et à l'honnêteté des politiques publiques. Imaginons un pays où les procédures publiques de nomination à d'importantes fonctions d'État supposeraient de répondre à des dizaines de questions indiscrètes, exigeraient de faire la clarté sur d'éventuels liens de sujétion, empêcheraient que l'épouse d'un ministre des Affaires étrangères prenne la direction de l'Audiovisuel extérieur[1], ne toléreraient pas que le pouvoir exécutif impose sans contrôle ni frein ses hommes, ses choix et ses volontés, ses lubies

---

1. Il s'agit de la journaliste Christine Ockrent, nommée le 20 février 2008 directrice générale déléguée de l'Audiovisuel extérieur de la France (poste qu'elle devra quitter en mai 2011 après de vives tensions internes), alors que son époux, Bernard Kouchner, était ministre des Affaires étrangères et européennes depuis le 18 mai 2007, poste qu'il quittera le 13 novembre 2010.

et ses obsessions, dans l'ensemble des sphères de la vie publique.

Imaginons enfin un pays où le chef de l'État, si puissant soit-il, ne pourrait se dérober aux questions des journalistes et aux interpellations des parlementaires. Imaginons un pays dont la presse, fût-ce avec un retard coupable, confrontée à des mensonges officiels, à des manipulations évidentes et à des désinformations avérées, serait dorénavant impitoyable avec le pouvoir exécutif. Une presse qui ne penserait jamais se réunir docilement sous l'égide d'une présidence qui a fait du contrôle de l'agenda médiatique son ressort principal. Une presse qui oserait encore moins se compromettre, pour bénéficier d'aides publiques, avec un pouvoir qui considère que tout service rendu appelle un retour sur investissement.

Imaginons un pays où l'esprit public ne serait pas corrompu, où les contre-pouvoirs ne seraient pas affaiblis, où le pouvoir législatif ne serait pas humilié, où le pouvoir judiciaire ne serait pas soumis. Sans doute ce pays vertueux n'existe-t-il pas dans sa perfection, même si tout ce que l'on vient ici d'énumérer évoque les récents épisodes du sursaut démocratique aux États-Unis[1]. Au moins, Barack Obama, dans l'espérance qu'il a soulevée

---

1. Ce Manifeste fut écrit peu de temps après la prise de fonction, le 20 janvier 2009, de Barack Obama, quarante-quatrième président des États-Unis. Huit ans après, en 2017, Donald Trump lui succédait à la Maison-Blanche, preuve que mon enthousiasme d'alors aurait mérité d'être tempéré.

de par le monde et qui a réveillé les fondamentaux de la démocratie américaine après l'aussi dangereuse que catastrophique présidence Bush, nous indique-t-il ce chemin pour le XXIᵉ siècle : ne pas oublier que les démocraties sont mortelles, savoir qu'elles peuvent être mises en péril par leurs démons internes, prendre conscience des dérives totalitaires qui, sous l'effet des peurs, des crises, des paniques, et de leurs instrumentations, peuvent les corrompre.

Nous imaginons donc des sursauts qui soient à la mesure des gouffres côtoyés. Sachant d'expérience universelle que le sort fait à la liberté de l'information, sur tous supports, à sa protection, à son respect et à son élargissement, est un marqueur de vitalité ou de nécrose démocratiques, nous faisons volontiers de ce révélateur un levier, tant cette prise de conscience oblige à repenser la démocratie, à contester des pratiques qui la confisquent et à revendiquer sa radicalité transformatrice. C'est pourquoi, depuis notre condition de journalistes, nous rêvons d'une république nouvelle et véritable, une république qui ne s'acharnerait pas à étouffer la démocratie qui la légitime en se livrant au pouvoir d'un seul, à ses caprices et à ses foucades, à ses courtisans et à ses obligés, à ses virulences et à ses inconsciences.

Dans l'entreprise qui nous anime, cette reconquête d'une liberté hier entravée, nous pensons souvent au *Combat* d'Albert Camus, ce quotidien issu de la

Résistance et né à la Libération, quand brillait l'espoir de refonder la République par un surcroît de démocratie, de solidarité et d'humanité. Loin d'être datés, les mots qu'il employait alors nous semblent toujours pertinents et utiles pour inspirer la refondation du journalisme à l'ère numérique. « Notre désir, écrivait Camus dans *Combat* le 31 août 1944, d'autant plus profond qu'il était souvent muet, était de libérer les journaux de l'argent et de leur donner un ton et une vérité qui mettent le public à la hauteur de ce qu'il y a de meilleur en lui. Nous pensions alors qu'un pays vaut souvent ce que vaut sa presse. Et s'il est vrai que les journaux sont la voix d'une nation, nous étions décidés, à notre place et pour notre faible part, à élever ce pays en élevant son langage. »

Élever ce pays en élevant son langage... Un méchant hasard a depuis transformé cette résonance en prophétie, démontrant l'actualité littérale de cette ambition au détour d'un fait divers politique, dont le Salon de l'agriculture fut en 2008 le théâtre et une phrase sortie d'une bouche présidentielle, l'événement – « Casse-toi, pauv' con ![1] ». D'un siècle à l'autre et d'un média à l'autre, du papier au Web, le programme reste inchangé, dressant de vivantes traditions contre des illusions mortifères :

1. Phrase prononcée par Nicolas Sarkozy, alors président de la République française, lors de sa visite officielle au Salon de l'agriculture, le 23 février 2008, à l'adresse d'une personne qui avait refusé de lui serrer la main en lui déclarant : « Ah non, touche-moi pas ! Tu me salis ! »

tradition de la qualité contre la superficialité, de la référence contre l'insouciance, de la hiérarchie contre le flux, du public contre l'audience, de la fidélité contre le zapping, de l'historicité contre le présentisme, de la mémoire contre l'oubli, de l'irrévérence contre la soumission, de la liberté contre l'asservissement.

Évidemment, cet énoncé n'arrangera pas l'injuste réputation qui est souvent faite aux journalistes raides, par distance ou exigence, de pécher par orgueil ou prétention, cédant à des postures ombrageuses ou hautaines. Ce n'est pourtant ni notre envie ni notre penchant. Nous disons simplement ce qui nous anime, sans chercher particulièrement à plaire, mais en espérant volontiers convaincre. Avec le temps, nous en sommes convaincus, même nos détracteurs et nos moqueurs, sceptiques ou ironiques, conviendront de l'utilité de cette attitude, pour tous ceux qui font profession d'informer, dans ce moment difficile que traversent les médias et, partant, la démocratie.

Après tout, le journaliste Camus, qu'éclipse dans les mémoires la statue de l'écrivain, était encore moins diplomate que nous, qui le sommes parfois si peu... Cette envolée, par exemple : « Tout ce qui dégrade la culture raccourcit les chemins qui mènent à la servitude. Une société qui supporte d'être distraite par une presse déshonorée [...] court à l'esclavage malgré les protestations de ceux-là mêmes qui contribuent à sa dégradation. [...] C'est pourtant notre tâche de refuser cette sale complicité. Notre honneur dépend de l'énergie avec laquelle nous refuserons la compromission. » Ou encore cette sereine proclamation que l'époque récente s'est acharnée à oublier : « Toute réforme morale de la presse serait vaine si elle ne s'accompagnait pas de mesures politiques propres à garantir aux journaux une indépendance réelle vis-à-vis du capital. »

Combat faisant partie de ces promesses trahies dont l'histoire de la presse est encombrée, choisir cette référence en parrainage de notre défi revient à convoquer un passé d'occasions manquées, de compromis calamiteux et d'aveuglements ruineux. Passé dont, sans doute, le lourd héritage favorise ou facilite ces renoncements et régressions, abandons et corruptions, caractéristiques de notre basse époque, dont nos métiers témoignent comme bien d'autres activités, du monde politique à la sphère économique. Mais, justement, pour cette raison même, ce passé-là est plein d'à présent : sauf à accepter la défaite du journalisme, nous n'avons plus le choix. Défaite qui ne serait pas seulement la nôtre, mais celle de la démocratie qui nous légitime. Car s'il est une espérance qui nous entraîne, fondée en raison et défendue avec passion, c'est bien l'idéal démocratique, sa nouveauté intacte et sa radicalité nécessaire.

Il y a un scandale de la démocratie. Et, dans la démocratie, un scandale en souffrance. Ce scandale, c'est qu'elle est une promesse de partage. Rien n'est à eux, tout est à nous. Ou plutôt, pas de eux, que du nous.

Aucun exclu du festin. Chacun, chacune, tous et toutes imparfaits que nous sommes, avons ce droit naturel de parler, de débattre, de choisir, de décider, de voter et d'élire. Telle est la promesse originelle, sa subversion essentielle, son utopie concrète : pas de sésame, pas de recommandation, pas de passe-droit. Sans privilège de naissance, de fortune ou de diplôme, chaque citoyen devrait pouvoir s'exprimer, se prononcer, s'engager, se porter candidat, se faire élire, en un mot gouverner.

C'est évidemment un scandale. Du moins, pour tous ceux qui sont convaincus que tout cela – le pouvoir, la décision, le gouvernement – leur appartient. Tous ceux, et il y en aura toujours, sous tous les régimes, dans toutes les familles politiques, qui se vivent comme les doctes médecins du corps social, seuls maîtres des bonnes ordonnances et des justes médications, ou comme les experts éclairés, mieux avertis que le citoyen ordinaire, à raison de leurs formations, de leurs fonctions ou de leurs titres. En somme, la démocratie sera toujours en bataille contre de nouvelles aristocraties, sans cesse réinventées, avec parfois le zèle tapageur des nouveaux riches.

Vieille histoire où l'espérance démocratique joue sa chance et prend son risque : « Le plus grand malheur qui puisse arriver à un État libre, où le prince est puissant et entreprenant, c'est qu'il n'y ait ni discussions publiques, ni effervescence, ni partis. Tout est perdu quand le peuple devient de sang-froid et que, sans s'inquiéter de la conservation de ses droits, il ne prend plus de part aux affaires : au lieu qu'on voit la liberté sortir sans cesse des feux de la sédition. » Le propos est extrait de *Chaînes de l'esclavage*, ouvrage publié en 1774 à Londres par un futur journaliste, alors médecin et fondateur, quinze ans plus tard, en septembre 1789, de *L'Ami du peuple* – Jean-Paul Marat. Sa thèse principale était que le pouvoir émane du peuple souverain, mais que ceux qui en ont la charge ne cessent de vouloir l'en déposséder. Or, loin d'être une vieillerie remisée par des décennies républicaines, ce constat est plus que jamais pertinent.

Ce fut le propos, en 2005, d'un philosophe, Jacques Rancière, avec *La Haine de la démocratie*[1]. Son point de départ était un étonnement faussement naïf devant la méfiance bavarde exprimée sans vergogne par bon nombre d'experts peu ou prou autoproclamés, conseillers du prince ou intellectuels de cour, envers la démocratie, ses excès, ses débordements, ses impatiences, son irresponsabilité, son inculture, son inexpérience. La force vive de cet essai était de rappeler qu'au contraire, potentiel « pouvoir de n'importe qui », la démocratie est encore grosse d'une promesse inachevée, trahie ou déçue, celle d'un régime où la représentation de la volonté générale serait radicalement dissociée de celle des intérêts particuliers, évitant ainsi « le pire des gouvernements »,

1. Jacques Rancière, *La Haine de la démocratie*, La Fabrique, 2005.

« le gouvernement, précise le philosophe, de ceux qui aiment le pouvoir et sont adroits à s'en emparer [...]. En bref : l'accaparement de la chose publique par une solide alliance de l'oligarchie étatique et de l'oligarchie économique. »

Alliance logique tant la promesse de partage lie indissolublement la question démocratique et la question sociale. Car pour qu'en politique le partage fonctionne, voire pour qu'il soit juste possible, encore faut-il que le fossé des moyens – moyens du savoir et de l'agir, moyens en somme de pouvoir – ne soit pas infranchissable entre les uns et les autres. La démocratie n'est pas niveleuse, puisqu'elle repose sur l'expression du pluralisme, donc de la diversité – des itinéraires, des situations et des positions. Mais elle sait d'instinct que l'effacement de toute espérance d'égalité est un obstacle rédhibitoire à toute forme de fraternité. Pourquoi l'invention, au début du XXe siècle, de l'impôt sur le revenu, puis, dans sa deuxième moitié, des échelles de salaires ? Parce que l'accumulation privée des richesses sociales ne peut être infinie, tout comme la croissance économique trouve sa limite dans la préservation de la nature qui nous fait vivre. Aussi fut-il sagement décidé, non sans luttes, d'entraver, de double manière, la course effrénée à la richesse individuelle : à l'échelle de la nation, en rognant sur les revenus par l'impôt ; à celle des entreprises, en encadrant les salaires par des grilles.

De l'injuste bouclier fiscal aux démesurés revenus patronaux, on saisit dès lors l'actualité, face aux oligarques d'aujourd'hui, du scandale démocratique. Partager vraiment la démocratie, ses informations, ses procédures et ses délibérations, bref, son pouvoir, c'est obligatoirement partager la richesse. Partager pour que la santé soit accessible à tous, pour que l'école soit gratuite, pour que les équipements collectifs profitent au plus grand nombre, pour que les plus démunis soient aidés et secourus ou pour que la culture ne soit pas le privilège d'une minorité. Aussi le conservatisme social, dont les tenants refusent ou racornissent le partage des richesses collectives, n'est-il démocratique qu'en surface, concession formelle de convertis de fraîche date et de faible assurance. Car ce partage social qu'ils contestent est la condition même d'un partage démocratique authentique.

La détestation du journalisme est l'expression convenue de cette sourde haine de la démocratie. Car, s'ils font leur métier et, surtout, le respectent, les journalistes y feront toujours désordre, avivant le scandale démocratique. Pour nos nouveaux oligarques, experts et décideurs qui s'estiment seuls propriétaires légitimes de notre vie publique au nom de leurs savoirs et de leurs actions, la liberté de la presse est un danger permanent : un risque de dépossession. L'éternité de leur pouvoir reposant sur le refus du partage, il suppose en effet le secret, entre opacité décidée et confusion organisée. Secret des informations, des décisions et des réseaux, des motivations et des intérêts, secret en somme de tous les éléments, faits et contextes mêlés, qui peuvent rendre vraiment intelligibles leurs actions publiques, en dehors du récit, avantageux ou imaginaire, qu'ils en feront.

Aussi leur importe-t-il d'étendre sans cesse leurs prérogatives, plaçant sous la protection légale du secret d'intérêt public leurs illégitimes secrets d'intérêts privés. Non seulement la France ne connaît aucun équivalent du *Freedom of Information Act*, institué aux États-Unis dès 1967 et donnant un large accès citoyen aux documents étatiques[1], mais de plus elle ne cesse de réduire ses espaces de transparence. Venue du ministère des Armées, une récente proposition d'extension démesurée du secret défense, accompagnée d'une limitation sévère des pouvoirs d'enquête des juges d'instruction, ces magistrats trop curieux et trop indépendants dont la disparition est par ailleurs souhaitée par la présidence, a illustré au-delà du possible cette dérive. Serait

---

1. Cette loi d'accès à l'information fut signée le 4 juillet 1966 par le président Lyndon B. Johnson et entra en application l'année suivante. Fondée sur le principe du droit à l'information comme liberté fondamentale, elle oblige les agences fédérales (les administrations publiques) à donner accès à tout document d'intérêt public, quelle que soit la nationalité du demandeur. Point d'appui dans un combat permanent pour le respect de ce droit de savoir du public, son existence n'empêche pas des batailles récurrentes pour contraindre l'administration à rendre publiques des données qu'elle voudrait garder confidentielles. Ce fut notamment le cas, quatre ans après son entrée en vigueur, avec la révélation en 1971 dans la presse américaine des « Pentagon Papers », classés secret défense alors qu'ils dévoilaient la part d'ombre de l'intervention américaine au Vietnam.

ainsi cadenassé un immense territoire qui, au détour de ce commerce des armes dont la France est l'un des champions mondiaux, inclut ces corruptions qui minent la République : commissions occultes et manœuvres opaques, espionnages abusifs et intimidations privées, chantages industriels et évasions fiscales...

Qu'en 2009, cet excès soit même envisageable, qui plus est avec l'aval du Conseil d'État, témoigne de notre retard démocratique : en France, pour l'État et ceux qui l'occupent ou l'incarnent, le secret est encore la norme, la transparence l'exception. Tandis que les historiens s'alarment d'un verrouillage accru de nos archives publiques, sous prétexte de la sécurité nationale ou de la vie privée, la mémoire de la plus longue de nos présidences républicaines, celle de François Mitterrand (1981-1995), reste sous le contrôle de gardiens amicaux ou familiaux, dans tous les cas peu curieux, encore moins indociles. Quant au droit de regard du citoyen sur les curiosités de l'État, notamment policières, à son encontre – fichages et écoutes, par exemple – il reste indirect, confié à des autorités administratives dites indépendantes, mais dont le mode de désignation est biaisé par le facteur présidentiel, contraignant leur indépendance dans les limites d'une servitude acceptée.

Or la démocratie, ce fut d'abord cette exigence première : la transparence des actes publics. Ayant pour enjeu la publicité des séances à la Chambre des Communes, et donc la publicité des débats où s'affrontent les élus du peuple, la scène fondatrice est britannique, de 1720 à 1771. La France prit le relais avec les États généraux de 1789, donnant lieu à l'expression publique de revendications par les cahiers de doléances, puis à la désignation pluraliste de représentants par l'élection de députés, enfin à la confrontation transparente des opinions dans des assemblées ouvertes, sanctionnée par des votes. « La publicité de la vie politique est la sauvegarde du peuple », affirme en août 1789 Jean-Sylvain Bailly, président du tiers état et premier maire de Paris. Tournant essentiel où se fonde la presse, sa libre expression et sa libre circulation, comme levain démocratique : il ne suffit pas de dire que la souveraineté procède du peuple, encore faut-il que tout se fasse en public, sous le regard vigilant des citoyens.

Journalistes, notre métier est l'information, c'est-à-dire la libre enquête sur tous les faits qui conditionnent la vie publique. Les droits et devoirs de notre profession ne sont donc pas un privilège, mais une responsabilité envers les citoyens. La déclaration qui vaut charte déontologique pour les journalistes européens l'énonce clairement : « La responsabilité des journalistes vis-à-vis du public prime toute autre responsabilité, en particulier à l'égard de leurs employeurs et des pouvoirs publics. » Tout simplement parce que les journalistes sont à la fois dépositaires, instruments et gardiens d'une liberté qui ne leur appartient pas : « Le droit à l'information, à la libre expression et à la critique est une des libertés fondamentales de l'être humain, rappelle le même texte, adopté en 1971 à Munich par nos fédérations et organisations professionnelles. De ce droit public à connaître les faits et les opinions procède l'ensemble des devoirs et des droits des journalistes. »

Pour contenir cette exigence, la ruse habituelle est de diaboliser la transparence, comme si sa seule revendication portait un fantasme panoptique totalitaire. C'est tout l'inverse : de même que le pouvoir doit limiter le pouvoir, sauf à en autoriser l'abus, la transparence est la condition du secret. D'un secret dès lors légitime par la délimitation explicite de ses territoires et par l'identification claire de ses gardiens. La meilleure preuve de l'inanité des justifications trouvées aux limites de la transparence publique est la différence de traitement réservé par l'État à la protection de ses propres secrets et à celle des secrets de ses citoyens. Dans le code pénal français, la peine prévue en cas d'atteinte à l'intimité de la vie privée est sept fois moindre qu'en cas de violation du secret défense...

L'hypocrisie est à son comble quand, pour justifier son projet d'extension du secret défense, l'actuel gouvernement assure que ces dispositions « sont directement inspirées des textes existants pour les médecins, avocats, notaires ou avoués, destinés à protéger les droits de la défense, le secret professionnel et médical ou encore le secret des sources des journalistes, tout en assurant un déroulement optimal des investigations judiciaires ».

Il s'agirait donc de protéger les secrets de l'État au même titre que l'on protégerait les secrets de certains citoyens, en raison de leur profession particulière. Or ce raisonnement est, profondément, d'essence non démocratique. Comme si les droits du pouvoir exécutif pouvaient être assimilés à ceux d'un individu ! Comme si l'on pouvait mettre sur le même plan la protection des libertés des citoyens (le droit d'informer, le droit de se défendre, le droit de se soigner, le droit à l'intimité privée, le droit au secret professionnel, etc.) et la protection des pouvoirs de l'État, c'est-à-dire des pouvoirs de contrainte et secret, de police et de défense, d'intrusion et de domination d'un État qui, d'ordinaire, rend si peu ou si mal compte de ses manquements.

Où l'on retrouve, encore, une vieille promesse démocratique, toujours actuelle : lors des débats révolutionnaires de 1791, Maximilien Robespierre s'alarmait que l'on puisse donner aux détenteurs de l'autorité publique les mêmes droits de poursuite qu'aux simples citoyens. Autrement dit, le souvenir à vif du despotisme obligeait à penser l'intrinsèque rapport de supériorité entretenu par la puissance publique avec les citoyens qui, en théorie, la légitiment. L'Incorruptible, donc : « Il faut observer que, dans tout État, le seul frein efficace des abus de l'autorité publique, c'est l'opinion publique ; et par une suite nécessaire, la liberté de manifester son opinion individuelle sur la conduite des fonctionnaires publics, sur le bon et mauvais usage qu'ils font de l'autorité que les citoyens leur ont confiée. »

On opposera aisément ce rappel stimulant à la récente réactivation judiciaire de l'offense au président de la République, disposition de la loi de 1881 sur la liberté de la presse tombée en désuétude depuis le mandat de Georges Pompidou (1969-1974). Évidente régression, où la liberté d'expression est désignée comme une menace pour l'ordre en place. Durant ces trente dernières années, l'Europe, à l'inverse, promouvait, face aux pays qui les piétinaient, un droit individuel pilier d'une liberté collective, inscrit dans l'article 10 de la Convention européenne des droits de l'homme : « Toute personne a droit à la liberté d'expression. Ce droit comprend la liberté d'opinion et la liberté de recevoir ou de communiquer des informations ou des idées sans qu'il puisse y avoir ingérence d'autorités publiques et sans considération de frontière. » Et la jurisprudence de la Cour européenne de Strasbourg en déduisait logiquement, tout comme le Robespierre de 1791, que la puissance du pouvoir appelle la libre critique, sans contrainte ni entrave : « Les limites de la critique admissible sont plus larges à l'égard d'un homme politique que d'un simple particulier : à la différence du second, le premier s'expose inévitablement et consciemment à un contrôle attentif de ses faits et gestes tant par les journalistes que par la masse des citoyens ; il doit, par conséquent, montrer une plus grande tolérance. »

Ainsi, le scandale démocratique résonne encore, et les Bastille qu'il ébranle ne sont pas toutes tombées. Combien de partis, combien d'élus, combien d'autorités, de toutes sensibilités, admettent sincèrement que la presse, entendue comme symbole de la libre information au-delà de son premier support, le papier, est une liberté fondamentale ? Non pas une liberté sous condition, mais une liberté en soi que ne saurait contenir qu'une autre liberté essentielle. Or, réduisant la démocratie au seul suffrage, l'ordinaire vulgate dont est encore imprégnée notre culture politique dominante ne voit dans la presse qu'un mal nécessaire, à la manière d'Alexis de Tocqueville : un inconvénient inévitable, un désordre avec lequel il faut bien s'habituer à vivre, une indiscipline acceptable pour les « maux qu'elle empêche bien plus que pour les biens qu'elle fait ».

Son contemporain Victor Hugo n'avait pas ces précautions. Le voici à la tribune de l'Assemblée nationale, le 11 septembre 1848, embrassant goulûment notre cause : « Permettez-moi, messieurs, en terminant ce peu de paroles, de déposer dans vos consciences une pensée qui, je le déclare, devrait, selon moi, dominer cette discussion : c'est que le principe de la liberté de la presse n'est pas moins essentiel, n'est pas moins sacré que le principe du suffrage universel. Ce sont les deux côtés du même fait. Ces deux principes s'appellent et se complètent réciproquement. La liberté de la presse à côté du suffrage universel, c'est la pensée de tous éclairant le gouvernement de tous. Attenter à l'une, c'est attenter à l'autre. » Du même, à cette même tribune, deux ans plus tard, enfonçant le clou, le 9 juillet 1850 : « La souveraineté du peuple, c'est la nation à l'état abstrait, c'est l'âme du pays ; elle se manifeste sous deux formes : d'une main, elle écrit, c'est la liberté de la presse ; de l'autre, elle vote, c'est le suffrage universel. »

Pour Hugo, pas de hiérarchie de valeur entre suffrage universel et liberté de la presse. Et pas de vote vraiment loyal sans information réellement libre, étant entendu que la légalité du suffrage peut aussi bien être le produit de l'ignorance, de l'aveuglement des propagandes et de l'étouffement des vérités. D'une inspiration démocratique que n'avait pas encore affadie l'institutionnalisation républicaine, ce credo radical affronte toutes les conceptions « illibérales » de la démocratie, pour reprendre la classification de Pierre Rosanvallon, dont les spécimens sont hélas nombreux et variés, à droite comme à gauche. La liberté de la presse, rappelait ce professeur au Collège de France lors des réunions publiques organisées autour de l'Appel de la Colline[1], « n'est pas simplement une liberté individuelle », mais « beaucoup plus : elle est une composante structurante de la vie démocratique. Elle participe du fonctionnement même de la démocratie. Elle est ainsi à la fois

---

1. Lire cet Appel, lancé par Mediapart et Reporters sans frontières (RSF) fin 2008, en annexe, p. 181.

une liberté publique, un bien collectif et un rouage démocratique. »

Réduire la démocratie à la légitimation des gouvernants par les urnes, c'est dès lors renier la promesse libératrice initiale et renouer avec une vision absolutiste du politique, ramené, poursuit Rosanvallon, à « un face-à-face entre le peuple et ses gouvernants tout en dévalorisant d'un même mouvement les corps intermédiaires, la société civile et les puissances du droit ». En nos temps incertains et instables, de passé sans testament et de futur sans certitude, cette tentation de réduire le politique à un principe unique, sous l'apparence sauvegardée de consultations électorales, s'étend bien au-delà de sa seule ascendance proprement française, le bonapartisme. Ainsi Rosanvallon souligne-t-il qu'elle rejoint la théorie de la « démocratie souveraine » sur laquelle s'appuie l'actuel pouvoir russe post-soviétique pour justifier ses restrictions des droits de l'opposition. « Cette théorie de la démocratie souveraine, commente-t-il, ne fait qu'accomplir en la radicalisant la vision d'une démocratie qui superpose une absolutisation de la légitimation par l'élection à une exaltation de la responsabilité politique comme une relation indécomposable et globalisée entre pouvoir et société. »

Si le vote majoritaire est un principe incontestable de choix des gouvernants, il ne saurait être un principe permanent de justification de leurs actions une fois élus.

EDWY PLENEL

La démocratie véritable suppose d'autres épreuves de validation, complémentaires et concurrentes du moment électoral, dans laquelle la liberté plurielle de la presse est un acteur essentiel. La défendre sans réserve, c'est assumer une conception de la démocratie autrement riche et complexe que cette fiction majoritaire qui l'épuise dans les urnes. Comme si les gouvernés devaient perdre leur pouvoir une fois que, par leur vote, ils l'ont délégué. Comme si la société, dans sa diversité, ne devait s'exprimer que dans cet instant électoral qui la simplifie. Comme si la qualité d'une démocratie ne devait pas se prouver au-delà de la sincérité des scrutins. Comme si, plus essentiellement encore, aucune erreur ou aberration ne pouvait jamais sortir des urnes, résultat d'un aveuglement temporaire ou d'un accident momentané que seule l'existence d'autres mécanismes et ressorts démocratiques pourra réparer ou compenser.

S'il fallait une seule preuve qu'entravée par cette conception « illibérale » de la démocratie la liberté de la presse est encore en chantier, les débats parlementaires de 2009 sur le projet de loi création et Internet, dit par commodité loi Hadopi, l'ont apportée. On y a appris, en effet, par la voix d'une ministre supposée promouvoir la culture, que, selon nos actuels gouvernants, « l'accès à Internet ne peut être considéré comme un droit fondamental ». C'est un peu comme si, à la fin du XIXe siècle, durant la deuxième révolution industrielle, celle de l'électricité, qui vit le début de l'ère médiatique avec l'invention des rotatives, on avait refusé le libre accès aux journaux, par la libération de l'impression et de la diffusion. Si l'article premier de la célèbre loi de 1881 sur la liberté de la presse énonce que « l'imprimerie et la librairie sont libres », sans restriction aucune, c'est au nom de ce droit fondamental : la liberté de l'information. Nous voici à la troisième révolution industrielle, celle qu'incarne le numérique, et un gouvernement ose affirmer que ce libre accès à Internet n'est pas un droit fondamental. Autrement dit, ce ne serait pas un droit pour tous, nullement un droit que la puissance publique se doit de garantir à tous.

L'enjeu, ici, n'est pas technologique mais démocratique. Il ne s'agit pas de tuyaux mais de contenus : demain plus encore qu'aujourd'hui, l'information circulera d'abord sur Internet. Refuser ce principe du droit pour tous à Internet, c'est sciemment préparer une société où l'information ne sera pas donnée à tous. Nos sociétés vivent en effet des révolutions concrètes de leurs usages collectifs et individuels qui appellent la définition de nouveaux droits et de nouvelles libertés si l'on ne veut pas qu'au détour de ce chambardement se créent de nouvelles inégalités et se renforcent les anciennes. C'est bien pourquoi l'on a parlé très tôt de « fracture numérique », en écho à la fracture sociale. Aussi cet épisode met-il en scène un pouvoir qui tourne le dos à ce défi, indifférent à ces injustices nouvelles et

ne saisissant pas l'opportunité d'une révolution technologique pour accroître l'espace démocratique.

De tout temps, en tout lieu, les conservateurs pré-
féreront une injustice à un désordre tandis que les
progressistes chercheront dans l'injustice les causes
du désordre. On ne fut donc pas surpris, lors de ces
mêmes débats, d'entendre cette drôle de réponse d'un
représentant parlementaire de l'ordre immobile face à
la revendication inventive d'un droit d'accès pour tous
à Internet : « Il n'existe pas de droit fondamental à
l'eau et à l'électricité !... Quel maire ici présent accorde
un droit fondamental à l'eau et à l'électricité ? On n'a
jamais vu ça ! Vous nous faites perdre notre temps ! »
Un temps que les mêmes rétrogrades s'accordent à ne
mesurer qu'en argent, en argent accumulé et dilapidé,
tout comme l'eau et l'électricité sont, dans leur esprit,
exclues des biens communs, monnayables et privati-
sables. On y revient : question démocratique et question
sociale sont indissociables.

Dépositaires, acteurs et instruments d'une liberté
fondamentale, les travailleurs de l'information sont dès
lors requis : cette liberté les oblige et les contraint. Aussi
ne se sauveront-ils des débâcles annoncées qu'en visant
au plus haut et en campant sur l'essentiel, c'est-à-dire
en s'arc-boutant sur ce qui les légitime, en dernier ressort : la démocratie. S'il est en effet des journalistes,
une profession avec ses règles, un métier avec ses procédures, c'est parce qu'il n'est pas de démocratie sans

vérité. Non pas de ces Vérités majuscules, imposantes et contraignantes, qui tissent croyances et idéologies, mais de ces vérités de fait sans lesquelles il n'existe pas de rapport au réel.

Vérifier, recouper, préciser, sourcer, contextualiser, expliquer, rectifier : l'artisanat de notre métier de producteurs d'informations n'a pas d'autre matériau que ces vérités factuelles dont l'assemblage permet de rendre intelligible le monde comme il est et comme il va. Toujours incomplet, toujours en chantier, toujours extensible, le puzzle qui en résulte est l'assise nécessaire des interprétations, réflexions et débats qui prolongent l'information en opinions. Sans vérité de l'information – sans précision, rigueur, profondeur, qualité, indépendance, pluralisme de l'information –, la liberté d'opinion s'épuise en vaine spéculation, perdant prise avec la réalité sur laquelle elle entend agir.

Au scandale de la démocratie fait écho ce scandale de la vérité. Nos mêmes oligarques, qui, sans états d'âme, trompent, mentent ou dissimulent, ne supportent pas cette exigence qui échappe à leur contrôle. Aussi s'empressent-ils de l'assimiler à un abus de pouvoir journalistique, moquant cette prétention professionnelle à dire le vrai et la noyant dans le relativisme d'une époque sans boussole. Ils ne manquent pas d'alliés tant le journalisme, en ses hautes sphères, s'est parfois distingué par sa propension à renoncer à cette exigence entêtée, lui préférant les facilités du style et les commodités de l'opinion, les lauriers de la littérature ou les récompenses de la politique, tous ces raccourcis qui, s'ils n'excluent pas le talent, font les réputations sinon usurpées, du moins rapides.

Il peut en résulter des catastrophes. Une seule mise en garde suffira, celle de Marc Bloch. On le sait : ce grand historien, pour lequel il n'y avait d'histoire qu'au présent, fut aussi un héros résistant, martyr en 1944. Quand, à l'été 1940, l'occupation allemande survenue et la collaboration française advenue, ce patriote s'interroge sur les causses de cette déroute stupéfiante d'une nation et d'une république, de leurs élites et de leurs principes, il s'arrête au rôle de la presse. Intitulée « Examen de conscience d'un Français », la troisième partie de L'Étrange Défaite[1] inventorie ces faiblesses individuelles dont la somme fut une faillite collective. « N'avions-nous pas, en tant que nation, demande alors Bloch, trop pris l'habitude de nous contenter de connaissances incomplètes et d'idées insuffisamment lucides ? Notre régime de gouvernement se fondait sur la participation des masses. Or, ce peuple auquel on remettait ainsi ses propres destinées et qui n'était pas, je crois, incapable, en lui-même, de choisir les voies droites, qu'avons-nous fait pour lui fournir ce minimum de renseignements nets et sûrs, sans lesquels aucune conduite rationnelle n'est possible ? Rien en vérité. Telle

1. Marc Bloch, L'Étrange Défaite (1940), Gallimard, « Folio », 1990.

fut, certainement, la grande faiblesse de notre système, prétendument démocratique, tel, le pire crime de nos prétendus démocrates. »

Évoquant ces journaux qui « servaient des intérêts cachés, souvent sordides » et ces classes aisées si peu soucieuses d'une information rigoureuse, non seulement pour le peuple, dont elles se fichaient quelque peu, mais pour elles-mêmes et leur intérêt bien compris, Marc Bloch constate la ruine durant l'entre-deux-guerres d'une ancienne promesse, vendue à l'encan, prostituée à la vénalité. Car le mot de vérité n'effrayait aucunement les républicains pionniers qui, à la faveur et dans la ferveur de l'affaire Dreyfus, défendirent une information exigeante contre une presse galvaudée, ouvrant ainsi la voie aux définitions d'un journalisme professionnel, rigoureux dans ses pratiques et respectueux de son public. Quand, en janvier 1900, il lance ses *Cahiers de la Quinzaine*, le dreyfusard Charles Péguy imagine ainsi un « journal vrai » qui, par opposition aux vrais journaux, éteignoirs racoleurs, conformistes et suivistes, se proposerait de « dire la vérité, toute la vérité, rien que la vérité, dire bêtement la vérité bête, ennuyeusement la vérité ennuyeuse, tristement la vérité triste ».

Contre l'asservissement à « une vérité officielle, une vérité d'État, une vérité de parti », Péguy rêve d'un simple « cahier de renseignements » qui, face au trop-plein de nouvelles, à leur confusion instantanée et à leur répétition uniforme, ferait le choix de l'exclusivité et de la pertinence, de la révélation et de la documentation. Dire, insiste-t-il, « ce qui ne sera pas dans les journaux », transcrire « tous les documents ou tous les renseignements qui sont à conserver », signaler articles, revues et livres qu'il importe de « lire utilement » – en somme, éclairer, orienter, trier, hiérarchiser, toutes opérations qu'un siècle plus tard la révolution numérique, d'un même mouvement, réclame et facilite.

Quand, quatre ans après l'échappée belle de ce libertaire indocile et inclassable, le socialiste Jean Jaurès, qu'hélas Péguy piétinera autant qu'il l'aura admiré, fonde, en 1904, *L'Humanité*, il entonne le même refrain de vérité. « C'est par des informations étendues et exactes que nous voudrions donner à toutes les intelligences libres le moyen de comprendre et de juger elles-mêmes les événements du monde, écrit Jaurès dans l'éditorial du premier numéro, titré "Notre but". La grande cause socialiste et prolétarienne n'a besoin ni du mensonge, ni du demi-mensonge, ni des informations tendancieuses, ni des nouvelles forcées ou tronquées, ni des procédés obliques ou calomnieux. Elle n'a besoin ni qu'on diminue ou rabaisse injustement les adversaires, ni qu'on mutile les faits. Il n'y a que les classes en décadence qui ont peur de toute la vérité ; et je voudrais que la démocratie socialiste, unie à nous de cœur et de pensée, fût fière bientôt de constater avec nous que tous les partis et toutes les classes sont obligés de reconnaître la loyauté de nos comptes rendus, la sûreté de nos renseignements, l'exactitude contrôlée de nos correspondances. J'ose dire que c'est par là vraiment que nous marquerons tout notre respect pour le prolétariat. Il verra bien, je l'espère, que ce souci constant et scrupuleux de la vérité, même dans les plus âpres batailles, n'émousse pas la vigueur du combat : il donne au contraire aux coups portés contre le préjugé, l'injustice et le mensonge une force décisive. »

La longueur de la citation est à la mesure des impostures, mensonges et calomnies qui suivirent, dans ce même journal au titre superbe, *L'Humanité*, durant le dévoiement stalinien de la cause prolétaire. L'exigence de démocratie ne se partage pas : son abandon à gauche peut tuer la vérité plus assurément encore que son dédain à droite. Le siècle de catastrophes qui nous surplombe nous a légué cette expérience : les vérités d'opinion peuvent détruire les vérités de fait. Et, ce faisant, détruire l'espérance même d'humanité. Nul hasard si la réflexion que nous tenons pour le manifeste philosophique du journalisme est signée Hannah Arendt, l'auteur des *Origines du totalitarisme* (1951). Texte de 1967, prolongeant sa propre expérience de journaliste occasionnelle lors du procès Eichmann à Jérusalem, *Vérité et politique* reste d'une extrême actualité[1].

Reprenant une vieille distinction de Leibniz, Arendt oppose les vérités de raison aux vérités de fait. Rationnelles

1.   Hannah Arendt, « Vérité et politique », op. cit. p. 289 et suivantes.

ou déraisonnables, pertinentes ou absurdes, les premières ne sont guère menacées car le cerveau humain en produira sans cesse, à l'infini : vérités de conviction, de croyance, de préjugé, de déduction, d'identité, d'engagement, d'idéologie, de raisonnement, de parti pris, etc. En revanche, « les chances qu'a la vérité de fait de survivre à l'assaut du pouvoir sont très minces ; elle est toujours en danger d'être mise hors du monde, par des manœuvres, non seulement pour un temps, mais, virtuellement, pour toujours. Les faits et les événements sont choses infiniment plus fragiles que les axiomes, les découvertes et les théories – même les plus follement spéculatifs – produits par l'esprit humain [...]. Une fois perdus, aucun effort rationnel ne les ramènera jamais. »

Les vérités de fait, insiste Arendt, sont « les vérités politiquement les plus importantes » tant « la liberté d'opinion est une farce si l'information sur les faits n'est pas garantie et si ce ne sont pas les faits eux-mêmes qui font l'objet du débat ». L'enjeu n'est pas mince, et c'est pourquoi, ajoute la philosophe, « l'histoire contemporaine est pleine d'exemples où les diseurs de vérités de fait ont passé pour plus dangereux, et même plus hostiles, que les opposants réels ». Telle est donc la responsabilité qui définit notre métier, sa grandeur comme ses misères : défendre la vérité de fait, quoi qu'il en coûte. S'accrocher à la production, recherche et révélation, de ces vérités factuelles sans lesquelles il n'est plus de monde commun, plus d'espace public viable, plus d'échange démocratique fructueux.

Cette exigence ne dérange pas que les pouvoirs, qu'ils soient déjà établis ou en gestation. Elle nous bouscule nous-mêmes, journalistes, qui, comme tout un chacun, possédons nos propres vérités de raison, de conviction et de croyance. Au nom de cette évidence, le journalisme d'information est obligatoirement une discipline collective qui suppose confrontations et discussions, procédures et relectures. Ici, les solitudes peuvent être des impasses. Les vérités de fait doivent émerger aussi bien grâce à nous que malgré nous. Pour le journalisme d'engagement, l'expérience est souvent douloureuse : il ne suffit pas de penser juste pour informer vrai. L'inverse est au contraire fréquent, ces erreurs ou ces silences produits de la conviction, ces informations bâclées ou biaisées, déformées ou scellées, inachevées ou ignorées, fût-ce avec les meilleures intentions du monde.

Sans les journalistes, conclut Arendt, « nous ne nous y retrouverions jamais dans un monde en changement perpétuel, et, au sens le plus littéral, nous ne saurions jamais où nous sommes ». L'hommage nous oblige, plus que jamais. Quarante ans après, la réflexion de la philosophe n'a rien perdu de son acuité. « Les hommes normaux ne savent pas que tout est possible » : cette sentence de David Rousset, en 1946, à son retour de l'univers concentrationnaire, lui était devenue comme un talisman intellectuel[1]. Aussi, loin de figer le moment totalitaire dans un passé antiquaire, elle en a tiré cette alarme que la barbarie peut naître de la civilisation tout comme la démocratie peut se suicider ou s'épuiser elle-même, faute de vitalité ou de vigilance. La leçon vaut toujours : si nous n'y prenons garde, nos pouvoirs modernes tendront non seulement à fonctionner au mensonge, à la dissimulation et au secret, mais surtout à instituer la déréalisation comme mode de gouvernement.

« La réalité n'a aucune importance. Il n'y a que la perception qui compte » : recueillie par la dramaturge Yasmina Reza durant la campagne présidentielle de 2007[2], cette confidence d'un des principaux conseillers de l'alors futur président de la République française n'est pas anecdotique : c'est une déclaration de guerre. Au journalisme, bien sûr, dont la matière première est précisément la réalité – la déchiffrer, la connaître, la découvrir, la questionner, la transmettre, l'expliquer, etc. – mais à la démocratie, de surcroît, dont la large délibération suppose une libre connaissance des réalités – nationales, internationales, politiques, économiques, sociales, sociétales, culturelles, etc. À cette subtilité démocratique qui veut que, pour se forger un jugement pertinent, mieux

1. David Rousset fut, dans l'immédiat après-guerre, le premier grand témoin en langue française de l'expérience concentrationnaire, avec trois livres : *L'Univers concentrationnaire* (1946), *Les Jours de notre mort* (1947), *Le pitre ne rit pas* (1948).
2. Yasmina Reza, *L'aube le soir ou la nuit*, Flammarion, 2007.

vaut être bien informé, l'hyperprésidence qui, depuis 2007, occupe nos imaginaires et envahit nos actualités oppose sa rupture grossière : le registre de l'irréalité sous l'apparence de l'évidence.

Cette théorisation exprime l'impensé d'une présidence qui ignore toute limite, faisant fi de l'énoncé par Montesquieu, en 1748, de la séparation des pouvoirs, condition de la liberté politique : « Pour qu'on ne puisse abuser du pouvoir, il faut que, par la disposition des choses, le pouvoir arrête le pouvoir. » Afin de réduire sans frais pouvoirs et contre-pouvoirs, qui pourraient l'entraver ou le limiter, il lui faut à tout prix imposer son légendaire pour que les consciences perdent prise et que les vigilances fassent relâche. Tel écrivain public du Prince, rédacteur de discours présidentiels, ne le cache aucunement : il faut « raconter une histoire » aux Français. Peu importe qu'elle soit vraie, voire même crédible, l'important, c'est qu'elle fonctionne le temps d'une séquence, à la manière d'un bon scénario. Tel autre conseiller élyséen confie qu'il importe d'adresser quotidiennement aux Français « une carte postale » présidentielle. Façon de dire qu'il faut politiquement les mettre en vacances, c'est-à-dire en congé de citoyenneté active.

La déréalisation ne se contente pas de masquer les intentions ou les actions véritables du pouvoir. Elle rend celui-ci insaisissable, facilitant la cannibalisation ou la tétanisation de son opposition. Sa chronique devient un roman-photo dont les citoyens ne sont plus que des spectateurs. Une fiction, en somme. Nul hasard si la dimension sentimentale s'y affiche sans vergogne, venant au secours de l'ambition politique. Nul hasard non plus si, à l'écoute des successives péroraisons présidentielles, on finit par se dire que les mots n'ont plus de sens véritable, que les références y sont réversibles et que les valeurs y sont interchangeables. Car il ne s'agit plus que de leurres, entre appâts politiques et hameçons médiatiques. Ce tourbillon est explicitement fait pour désorienter – l'opinion, l'adversaire, les médias – et il y réussit souvent. Plus de sens, plus d'histoire, plus de références ni de repères. Seulement l'évidence du présent et de l'oubli, de l'immédiat et de l'amnésie.

En 1967, l'année même des réflexions d'Arendt sur *Vérité et politique*, Guy Debord publiait *La Société du spectacle*, où l'on peut lire notamment ceci : « Dans le spectacle, image de l'économie régnante, le but n'est rien, le développement est tout. Le spectacle ne veut en venir à rien d'autre que lui-même[1]. » Peut-être aura-t-il fallu attendre ces quarante années pour que les intuitions de l'une et de l'autre se concrétisent en notre pays, dans l'absolutisme de cette présidence qui tient la vérité en peu d'estime et n'a, en effet, d'autre fin qu'elle-même. Dès lors, on voit bien qu'au-delà des sensibilités partisanes, politiques ou philosophiques, une responsabilité

1. Guy Debord, *Œuvres*, « Quarto », Gallimard, 2006.

particulière incombe au journalisme français face à un tel pouvoir, sans partage ni limite. Si ses discours nous submergent, si son agenda nous obnubile, si son imaginaire nous envahit, ceux qui nous lisent, nous regardent ou nous écoutent seront littéralement perdus. Égarés devant ce spectacle en essuie-glace où tout s'efface, tout s'oublie, tout se vaut.

La bataille de l'information n'est donc pas secondaire, et les journalistes sont en première ligne de cet affrontement pour la démocratie. Nous ne sommes évidemment pas les premiers ni les derniers à y être convoqués. En 2004, à la veille des élections américaines qui offrirent un second mandat à George W. Bush, le futur Prix Nobel d'économie Paul Krugman, également chroniqueur au *New York Times*, n'hésitait pas à qualifier de « pouvoir révolutionnaire » cette administration néo-conservatrice qui refusait « les règles que le reste de la population tient pour acquises » et ne reconnaissait pas « la légitimité du système en place ». Dans une mise en garde adressée aux journalistes, Krugman ajoutait : « Un pouvoir révolutionnaire a une idée claire de ses desseins et avancera n'importe quel argument permettant de les atteindre. Inutile de supposer que ses justifications répondent en elles-mêmes à une quelconque logique. »

S'inquiétant de ce que les journalistes, par correction ou par formation, s'avèrent « gênés face à des arguments manifestement mensongers », ayant « du mal à imaginer qu'une figure politique de premier plan puisse mentir ouvertement », cet universitaire nous conseillait d'ajouter de nouvelles règles à nos bréviaires professionnels : « 1. Ne jugez pas les propositions politiques en fonction des objectifs qu'elles affichent. 2. Faites travailler vos méninges et découvrez les intentions véritables. 3. N'allez pas imaginer que les règles en vigueur sont celles que vous avez toujours connues. » Les malheurs n'arrivant pas qu'aux autres, rien ne nous garantit que, demain ou après-demain, des mensonges aussi énormes et désastreux que ceux de la présidence Bush ne s'imposeront pas ici même, tromperies d'État devenues impostures médiatiques. Rien, si nous ne défendons pas avec acharnement l'existence d'une presse libre. Rien, si nous ne nous donnons pas les moyens de son existence. Autrement dit, rien si nous ne faisons rien.

Le programme tient en peu de mots : défendre l'indépendance, promouvoir la qualité, restaurer la confiance. Trois objectifs qui, loin d'être mis en péril par la révolution numérique, peuvent y trouver une nouvelle jeunesse, cohérente avec les valeurs spontanées d'Internet, de ses réseaux sociaux et de ses logiciels libres, de ses partages sans frontières et de ses échanges sans distances. D'abord parce qu'il est plus aisé d'y créer des entreprises d'information indépendantes qui portent l'essentiel de leurs efforts sur les équipes rédactionnelles, le numérique supprimant trois des coûts principaux qui grèvent les budgets de la vieille presse – le papier, l'impression, la diffusion. Ensuite parce qu'avec l'invention essentielle du lien hypertexte le numérique facilite un enrichissement infini de l'information, de son contexte et de son histoire, invitant sans cesse au référencement et à la documentation que complète, éclaire et approfondit l'apport du multimédia, du témoignage oral et de l'enquête visuelle. Enfin parce qu'avec l'avènement de médias participatifs dont les lecteurs peuvent commenter, critiquer et contribuer le numérique remet le public au centre de l'alchimie qui fait la crédibilité de l'information, permettant de nouvelles alliances entre journalistes et citoyens, les vérités dévoilées par les premiers n'excluant plus les savoirs détenus par les seconds.

L'indépendance du journalisme est la première garantie d'une information loyale. Pas de quête de vérités sans autonomie de leurs chercheurs : le principe vaut pour nos métiers comme pour toutes les professions dont les enjeux sont de connaissance – recherche, enseignement, statistique, médecine, etc. Est-ce un hasard si, peu ou prou, tous ces secteurs subissent aujourd'hui une offensive visant à réduire leur marge de manœuvre et à les soumettre à d'autres univers, échelles de valeurs et principes de rentabilité ? S'agissant du journalisme, l'indépendance suppose, dans le secteur privé comme dans le secteur public, le rejet de toute interférence extérieure à l'objectif d'information. D'inspiration éthique, ce principe n'en est pas moins d'intérêt bien compris : nous ne créons pas d'autre valeur que celle de nos informations, de leur pertinence, de leur originalité et de leur rareté. À force de l'oublier, dans les mélanges des genres et les conflits d'intérêts propres à des industriels dont les activités sont essentiellement ailleurs, les principaux acteurs financiers du système médiatique français n'ont fait qu'ajouter la crise à la crise, dévalorisant l'information, son crédit et sa richesse. Aujourd'hui, ce n'est pas la demande d'information qui fait défaut dans le public, mais l'offre qui n'est pas au rendez-vous de ses attentes. Ruiner l'indépendance de la presse, c'est aussi ruiner la viabilité de ses entreprises.

La qualité de l'information demande à être réinventée à l'heure du numérique. Référence et exhaustivité, ces valeurs cardinales de l'ancienne presse d'excellence, doivent y trouver de nouvelles traductions, tant leur avenir est devenu incertain sur leur ancien support. L'abondance d'information n'est-elle pas désormais à portée d'écrans, au risque du trop-plein ? Et l'usager ne se fabrique-t-il pas lui-même ses références, organisant ses recherches et multipliant ses documents ? Certes, notre époque de transition, où le vieux peine à muter et le neuf à se trouver, n'exclut pas tâtonnements et impasses, modes éphémères et pistes inexplorées. Mais ceux que l'extraordinaire potentialité démocratique du Net effraie l'assimilent volontiers à ses caricatures : immédiateté, superficialité, confusion. Autrement dit, s'agissant de l'information, plus de pause, plus de perspective, plus de hiérarchie. Il n'y a pourtant aucune fatalité technologique à cette apparente régression, plutôt produite par les modèles marchands actuellement dominants, identifiés à la gratuité, donc à l'audience. Tout au contraire, le numérique non seulement permet mais facilite ces opérations consubstantielles au journalisme de qualité : tri des informations, profondeur de la documentation, temporalité des nouvelles – il ne manque pas d'exemples sur la Toile pour l'illustrer.

Mais il y a mieux encore : parce qu'elle met fin à la clôture sur eux-mêmes de journaux bornés par leur propre finitude – nombre de signes, nombre d'articles, nombre de pages – la révolution numérique permet de donner vie à une utopie journalistique jamais accomplie. Au « cahier de renseignements », ce « journal vrai » dont rêvait Charles Péguy, faisait écho, à la même époque, outre-Atlantique, le projet « Thought News », porté par le journaliste Robert Park, futur fondateur de l'école de sociologie de Chicago, et par son ami Franklin Ford, théoricien des « big news », celles qui débusquent les tendances de fond plutôt que les mouvements de surface[1]. Penser les nouvelles en somme, les réfléchir et les hiérarchiser, les enrichir et les problématiser. Inventer des journaux qui seraient aussi des universités populaires, lieux de transmission, de partage et de sociabilité. Susciter une nouvelle alliance entre intellectuels et journalistes, dans la résonance des informations, leur

---

1. Cf. Robert E. Park, *Le Journaliste et le Sociologue*, op. cit.

approfondissement et leur discussion, leur éclairage par d'autres savoirs, sociologues et historiens notamment. Bref, associer un journalisme d'enquête, de terrain et de révélation, concentré sur le cœur de sa mission, à une agora démocratique qui le prolonge et le légitime.

La confiance des lecteurs est à reconquérir tant la presse leur a fait défaut. Grâce au numérique et à ses potentialités participatives, elle naîtra des vertus de ce nouvel écosystème de l'information, combinant le travail spécifique des journalistes et le débat démocratique du public, suscitant leur interaction et leur confrontation. Mais d'un public, et non pas d'une audience. « Ce sont les informations plutôt que les commentaires qui font l'opinion », aimait répéter Robert Park, qui ajoutait : « Il ne peut y avoir d'opinion publique sur aucune action politique si la population ne sait pas ce qui se passe, ne serait-ce que dans les grandes lignes. […] Un journaliste en possession de faits est un réformateur plus efficace qu'un éditorialiste qui se contente de tonitruer en chaire, si éloquent soit-il. » Or, au nom de cette exigence, le même Park, dont la famille de pensée n'est pas sans influence sur la formation intellectuelle de Barack Obama, insistait aussi sur la responsabilité de la presse dans la construction d'un public démocratique, discutant et échangeant, par opposition à la régression que symbolise la foule, cet agrégat d'individus isolés où l'on crie à l'identique dans le refus du divers et du différent.

Construire un public – soit une fidélité, une adhésion, une participation – c'est produire une conscience commune où le conflit démocratique peut s'épanouir, trouver son sens et chercher son issue. À l'inverse, la foule, c'est-à-dire la quête de l'audience la plus large, dilue les enjeux civiques, banalise et uniformise, formate et enrégimente. Adossée à la gratuité comme dogme, elle dévalue l'exigence factuelle – avec ce qu'elle suppose de rigueur, de temps et de travail – pour lui préférer l'émotion, l'instantanéité et la personnalisation, qui transforment le lecteur en spectateur passif plutôt qu'en citoyen actif. On dira que cette dichotomie est aussi vieille que la distinction entre médias de masse (populaires) et médias de référence (élitistes). Le problème, c'est qu'au détour de l'actuelle révolution industrielle la vulgate économique a tenté d'imposer la même norme aux seconds qu'aux premiers. Et c'est ainsi qu'elle a contribué à réduire non seulement la qualité mais l'autonomie des rédactions, à limiter la capacité des journalistes à produire un agenda informatif indépendant de celui des pouvoirs, à éroder leur détermination à échapper au « storytelling » déréalisant et mystificateur des mêmes pouvoirs, à entraver leur recherche d'informations audacieuses, dérangeantes ou dissidentes.

Le journalisme est une grande affaire tissée de petites aventures. Au croisement d'un droit collectif et d'une liberté individuelle, il nous met infiniment à l'épreuve. Au XIXe siècle, l'historien républicain Jules Michelet

177

accordait aux journaux une « fonction publique » tandis que, sous la Révolution, le journaliste Brissot, directeur du *Patriote français*, faisait d'une gazette libre « une sentinelle qui veille sans cesse pour la société ». Au siècle passé, la Cour européenne des droits de l'homme n'a pas hésité à ériger le journaliste en « chien de garde de la démocratie », signifiant par là que ses éventuels débordements sont préférables au sommeil des consciences. Sentinelle, chien de garde, signal d'alarme, veilleur de nuit, avertisseur d'incendie... Les métaphores ne manquent pas qui font des références aussi avantageuses que lourdes à porter.

Aujourd'hui sur la défensive, le journalisme peine à les revendiquer. Cerné de toutes parts, entre crise économique, crise politique et crise morale, il n'ose même plus se référer à ses grands anciens dont la grandiloquence vertueuse ne lui semble pas de grand secours. Albert Londres, le grand reporter de l'entre-deux-guerres, bien sûr, en 1929 : « Je demeure convaincu qu'un journaliste n'est pas un enfant de chœur et que son rôle ne consiste pas à précéder les processions, la main plongée dans une corbeille de pétales de roses. Notre métier n'est pas de faire plaisir, non plus de faire du tort, il est de porter la plume dans la plaie. » Mais aussi François Mauriac, l'inventeur inégalé du « Bloc-notes », en 1954, après une saisie de *L'Express* : « Je doute s'il existe pour la presse un crime d'indiscrétion. Mais il existe un crime de silence. Le jour du règlement de comptes, nous ne serons pas accusés d'avoir parlé mais de nous être tus.[1] »

Ces divers symboles, principes et postures mêlés, sont pourtant notre seul secours. Telles des lumières qui brillent à l'instant du péril, ils indiquent l'unique voie de salut : sortir de notre solitude corporatiste pour rejoindre notre scène primitive, cette promesse démocratique toujours inachevée et désormais bafouée où se joue notre légitimité auprès du public et de l'opinion. Quand le légendaire journalistique, notamment en ses avantageuses versions cinématographiques, met en scène la résistance d'un seul individu aux injustices, mensonges ou crimes moutonniers, il enjolive sans nul doute. Mais son message va bien au-delà d'une profession ou d'une corporation : il affirme ce possible du refus et de l'entêtement, de la résistance en somme.

« Le vrai courage, c'est, au-dedans de soi, de ne pas céder, ne pas plier, ne pas renoncer », confiait en ses dernières années ce juste que fut Jean-Pierre Vernant, résistant évidemment, professeur et chercheur, penseur et passeur. Puis il ajoutait, pour se faire bien entendre : « Être le grain de sable que les plus lourds engins, écrasant tout sur leur passage, ne réussissent pas à briser. » Ce Manifeste n'est rien d'autre qu'un grain de sable, tout comme l'aventure qui l'a inspiré, Mediapart.

---

1. François Mauriac, *Bloc-notes*, tome 1, 1952-1957, « Points », Seuil, 1993, p. 165.

L'Appel de la Colline
(2008)

Quelques mois avant la publication de ce Manifeste, le 24 novembre 2008, Mediapart et Reporters sans frontières (RSF) avaient organisé à Paris, au Théâtre de la Colline, une réunion publique sur la liberté de la presse où fut lancé l'appel reproduit ci-dessous. Il porte au-delà de la conjoncture qui a motivé son élaboration – l'immédiate critique des prétendus États généraux de la presse écrite, organisés en 2008 sous tutelle élyséenne. Chacun de ses neuf points est une invitation, pour de futures majorités politiques, à refonder le droit de l'information en France, en élargissant ses assises démocratiques.

La liberté de la presse n'est pas un privilège des journalistes, mais un droit des citoyens.

Le droit à l'information, à la libre expression et à la libre critique, ainsi qu'à la diversité des opinions est une liberté fondamentale de tout être humain. Sans information libre sur la réalité, ambitieuse dans ses moyens et pluraliste dans ses fins, il ne saurait y avoir d'authentique délibération démocratique. Régime de tous les citoyens, sans privilège de naissance, de diplôme ou de fortune, une véritable démocratie suppose que tous soient pareillement informés pour être libres dans leurs choix et autonomes dans leurs décisions.

De ce droit du public à connaître les faits et les opinions procède l'ensemble des devoirs et des droits des journalistes. Leur première obligation est à l'égard de la vérité des faits. Leur première discipline est la recherche d'informations vérifiées, sourcées et contextualisées. Leur première loyauté est envers les citoyens et prime toute autre responsabilité, en particulier à l'égard de leurs employeurs et des pouvoirs publics.

Défendre et promouvoir cet idéal suppose l'indépendance, la transparence et le pluralisme.

L'indépendance, c'est-à-dire :

1. Le respect général du droit moral des journalistes sur leur travail, afin de garantir que l'information ne soit pas réduite à une marchandise ;

2. Le refus impératif du mélange des intérêts industriels et médiatiques, afin de garantir que les opérateurs économiques n'aient pas d'autre objectif que l'information ;

3. La préservation absolue de l'intégrité du service public de l'audiovisuel, afin de garantir que ni ses informations ni ses programmes ne soient contrôlés par le pouvoir exécutif.

La transparence, c'est-à-dire :

4. Un véritable accès, rapide et facile, à toutes les sources documentaires d'intérêt public pour la vie démocratique et le sort des citoyens, à l'image du *Freedom of Information Act* en vigueur aux États-Unis depuis 1967 ;

5. Une large protection des sources des journalistes, assurant le droit des citoyens à les alerter et à les informer, inspirée de l'excellente loi belge en vigueur depuis 2005 ;

6. Une publicité étendue sur tous les actes du pouvoir exécutif ayant une incidence directe sur notre vie publique, de façon à permettre l'interpellation libre et le questionnement contradictoire des gouvernants par les journalistes.

Le pluralisme, c'est-à-dire :

7. Une concentration limitée et régulée, de façon à éviter tout monopole de fait ou tout abus de position dominante ;

8. Une égalité de traitement de la presse numérique et de la presse imprimée, de façon à éviter toute discrimination stigmatisante d'Internet ;

9. Une reconnaissance à part entière de la place des lecteurs en tant que commentateurs, contributeurs et blogueurs, de façon à accroître la diffusion et le partage démocratiques des informations et des opinions.

Toute voie qui s'éloignerait de ces principes serait une régression.

Annexes

Le journalisme est toujours un combat, y compris contre une partie du système médiatique. En dix ans d'existence, Mediapart a ainsi multiplié les révélations à contre-courant des médias dominants en devant sans cesse batailler pour défendre la légitimité et la vérité de ses informations.

*Ce fut le cas, en 2010, avec l'affaire Bettencourt, qui, huit ans après, fait encore l'objet d'un recours devant la Cour européenne des droits de l'homme. Son enjeu : faire sanctionner la censure qui a frappé notre journal pour avoir diffusé les enregistrements du majordome de la milliardaire, alors même que la justice les a admis comme preuves entraînant la condamnation de ceux qui avaient abusé de sa faiblesse. Faut-il rappeler que certains journaux, et non des moindres (*Le Monde *et *Le Canard enchaîné), *avaient alors jugé illégitime notre travail ?*

Ce fut de nouveau le cas, en 2012-2013, avec l'affaire Cahuzac, où nous dûmes affronter durant plusieurs mois le scepticisme, la désinformation et le dénigrement du monde politique et des milieux médiatiques face au dévoilement, par nos soins, de l'imposture d'un ministre du Budget fraudeur fiscal. Si nous n'avions pas osé interpeller publiquement la justice sur son immobilisme devant ce trouble manifeste à l'ordre public, dans une lettre ouverte au procureur de la République de Paris, il n'y aurait pas eu d'enquête préliminaire débouchant sur une instruction judiciaire dont l'ouverture entraînera les aveux immédiats du ministre, suivis par la création d'un parquet financier et d'une Haute Autorité pour la transparence de la vie publique.

Ce fut, et c'est encore le cas, dans l'affaire Sarkozy-Kadhafi, immense scandale dont le feuilleton a commencé sur Mediapart à l'été 2011, bien avant de se traduire par une information judiciaire. Aujourd'hui, les mêmes médias qui avaient contesté nos premières révélations, relayant les accusations de l'ancien président de la République sur l'authenticité d'un document libyen dévoilé en 2012 par Mediapart, sont bien obligés de convenir de la solidité de notre travail et de la gravité des faits qu'il a mis au jour. Mais, là encore, il aura fallu plusieurs années de bataille judiciaire pour défendre la légitimité et le sérieux de notre enquête, tandis que la justice confirmait sa grande lenteur dès qu'il s'agit de délits mettant en cause les puissants.

C'est ce journalisme-là, audacieux et indocile, que veulent régulièrement discréditer des campagnes de rumeurs ou de calomnies, dont la dernière, fin 2017, a tenté de prendre en otage le martyre de Charlie Hebdo. *Aussi ai-je voulu partager, en annexe de ce livre qui rend compte de cette aventure professionnelle, quelques articles qui soulignent ce décalage entre la réalité de notre travail et l'irréalité des vindictes qui le visent.*

Affaire Bettencourt :
un révélateur national

Cet article est paru le 27 juillet 2010, en pleine tempête provoquée par la révélation sur Mediapart des enregistrements clandestins réalisés par le majordome de la milliardaire Liliane Bettencourt.

L'affaire Bettencourt, devenue l'affaire Woerth et cachant une affaire Sarkozy, est un révélateur de l'état de la France : de ses inégalités et de ses injustices sociales, de ses déséquilibres institutionnels et de ses régressions démocratiques, des abus d'un pouvoir présidentiel sans contrôle.

Illustrant l'utilité démocratique d'une presse libre, elle souligne tout ce qui n'est plus supportable et tout ce qui devrait changer, demain. C'est pourquoi elle a, dès nos premières informations du 16 juin, suscité cette passion publique qui est au ressort des vitalités républicaines : une haute curiosité, tissée de vertu politique, d'exigence sociale et d'espérance démocratique.

Quand une « affaire » née de révélations journalistiques se transforme en feuilleton médiatique, ceux dont elle

ébranle les habitudes et les conforts, voire les compromissions, finissent toujours par entonner le refrain des
diversions : n'y aurait-il pas des sujets plus importants,
plus graves, plus décisifs ? Au sommet de l'État, la tentation
existe même d'organiser et d'exploiter ces diversions, en
se saisissant du tout-venant de l'actualité, hier l'insécurité
à Grenoble ou Saint-Aignan, aujourd'hui le terrorisme
après l'annonce de la mort d'un otage français au Sahel.
La parade ne manque pas d'arguments : pendant que les
révélations de l'affaire Bettencourt s'égrènent, la planète
continue de tourner, avec ses crises, ses menaces et ses
misères – dont Mediapart continue, bien sûr, de rendre
compte dans la mesure de ses moyens.

Mais le souci du monde ne saurait être l'alibi de l'aveuglement sur soi. Si l'affaire Bettencourt a, d'emblée, connu
un tel impact dans l'opinion publique, c'est parce qu'elle
est un révélateur national. Loin de se situer aux marges
des grandes questions de l'heure, sociales et démocratiques
pour l'essentiel, elle les renouvelle magistralement en mettant à nu des réalités qui dévoilent les impostures et les
mensonges d'un tout petit monde oligarchique qui, par la
faveur du pouvoir dont il abuse, s'approprie la richesse
nationale à l'insu de ce plus grand nombre qui se nomme
le peuple. Il y a une exceptionnelle pédagogie politique
de l'affaire Bettencourt, et c'est bien pourquoi, en haut
lieu, on a voulu et on ne cesse de vouloir l'étouffer afin
de la classer sans suite.

Six semaines après le début du feuilleton, et alors qu'il
connaît deux moments symboliques, avec les auditions

policières de Liliane Bettencourt puis d'Éric Woerth, cet effet de révélation peut être résumé en sept vérités, développées ci-après :

1. L'utilité d'une presse libre

« Un diseur de vérité insolent et fiable » : c'est ainsi que Stieg Larsson définit *Millénium*, ce magazine d'investigation qui donne son titre à sa trilogie, dont le héros est un journaliste indocile, enquêteur aussi entêté que franc-tireur, Mikael Blomkvist. L'immense succès qu'a rencontré, notamment en France grâce à Actes Sud, cette saga suédoise est un fait d'époque. À travers l'acharnement de Blomkvist à dévoiler l'envers du monde des puissants et des arrogants, celui où l'argent-roi est la seule valeur reconnue, c'est un idéal, à la fois démocratique et professionnel, qui est mis en scène : une presse indépendante et un journalisme d'enquête.

À Mediapart, comme dans d'autres médias libres de toute soumission politique ou financière, nous ne sommes pas des héros, encore moins de fiction, mais cet idéal n'en est pas moins le nôtre. Et c'est un très vieil héritage. Loin d'un romantisme romanesque, on le retrouve dans l'austérité ascétique d'un Charles Péguy (1873-1914) qui inspira le fondateur du *Monde*, Hubert Beuve-Méry (1902-1989). « Dire la vérité, toute la vérité, rien que la vérité, dire bêtement la vérité bête, ennuyeusement la vérité ennuyeuse, tristement la vérité triste » : le programme est annoncé en ouverture du premier numéro des *Cahiers de la Quinzaine*, le 5 janvier 1900, sans concession. « Taire la vérité, n'est-ce pas déjà mentir ? » ajoute Péguy.

Cette rigueur professionnelle recouvre une exigence démocratique. Elle nourrit la quête incessante de l'événement comme moment fondateur et rassembleur. Non pas de l'actualité répétitive et superficielle mais de la nouvelle créatrice parce que révélatrice. De la nouvelle qui instaure une rupture par sa force d'étonnement et de dévoilement. Une nouvelle qui oblige à affronter de face ce que l'on ne voyait pas ou ce que l'on ne voulait pas voir. Il y a ainsi une vertu de l'événement quand il n'est pas subi passivement, mais quand, tout au contraire, il est créé activement, animé collectivement et partagé largement.

Née d'un accident imprévisible – les enregistrements clandestins réalisés par Pascal Bonnefoy, maître d'hôtel inquiet pour sa patronne et pour lui-même – l'affaire Bettencourt relève de ce registre. Son surgissement grâce à Mediapart, désormais validé jusqu'en appel par la justice, illustre l'absolue nécessité démocratique d'une presse libre, sans entraves ni censures. Car il peut arriver, hélas, que la nouvelle indocile et dérangeante ne surgisse pas, étouffée ou déviée, écrasée ou tronquée. Ce n'est pas seulement affaire de pressions ou de menaces, mais, plus essentiellement, de faiblesse ou de fragilité de l'écosystème démocratique de l'information. Notre culture professionnelle, sa vitalité et ses audaces dépendent d'un climat où entrent en jeu aussi bien la structure de l'entreprise, l'esprit d'indépendance ou de soumission de ses responsables, sa distance ou sa proximité avec des univers étrangers au journalisme.

S'il fallait une nouvelle démonstration de la nécessité de refonder la liberté de l'information en France, selon le programme énoncé dans notre Appel de la Colline de 2008 avec Reporters sans frontières et dans notre Manifeste de 2009, *Combat pour une presse libre*, l'affaire Bettencourt nous l'assène.

2. Le scandale de l'inégalité sociale

Peut-être faudrait-il, pour les contraindre à vraiment prendre la mesure des réalités sociales, obliger nos gouvernants à changer d'unité monétaire. S'ils animaient encore les matinales de France Inter, Stéphane Guillon ou Didier Porte, lequel rejoindra Mediapart à la rentrée de septembre, auraient ainsi pu proposer que l'on ne compte plus désormais en milliards d'euros mais en « Banier », puisqu'il semble entendu que François-Marie Banier, par son seul talent courtisan, a bénéficié des largesses de Liliane Bettencourt pour un montant avoisinant le milliard. Dès lors, les 40 milliards de déficit des retraites, ce chiffre sur lequel le gouvernement a construit sa stratégie de la peur devant le futur, ne vaudraient plus que 40 Banier, somme soudain à portée humaine d'une politique vigoureusement sociale.

Ce n'est certes qu'une image plaisante, mais elle illustre ce que chacun d'entre nous a instinctivement compris dès le début de ce feuilleton : qu'il mettait à découvert un monde où l'argent était à la fois la mesure de toute chose et, en même temps, avait perdu tout sens de la mesure.

Un monde où les millions circulent de la main à la main et par-dessus les frontières, sans autre règle que l'entre-soi. Il suffirait en somme d'en être – milieu, coterie, réseau, cour, classe : les dénominations ne manquent pas – pour bénéficier de largesses et de commodités interdites au commun des citoyens : faire intervenir la présidence de la République dans une affaire judiciaire privée, ne pas subir les curiosités des services fiscaux, violer impunément la loi la plus commune, obtenir d'immenses facilités bancaires, vouloir se faire offrir un yacht comme d'autres une boîte de chocolats, etc.

Rien de neuf, dira-t-on, sous le soleil de la fortune. Mais une chose est de le supputer, autre chose de l'apprendre, sans détour. Surtout, ce qui surprend, dans ces conversations feutrées dont l'argent est l'obsession récurrente, c'est le sentiment d'impunité, ce « pas vu, pas pris » en toute bonne conscience. N'importe quel patron de PME, ouvrier/employé salarié, jeune en quête d'emploi ou chômeur en fin de droits, qui sait d'expérience combien la loi, ses règlements et son administration ne manquent pas de se rappeler à lui, ne peut qu'être stupéfait de découvrir un univers pour qui la loi commune est quantité négligeable, une loi dès lors faite pour être contournée ou, mieux, oubliée, inappliquée, absente, comme mise en congé ou en sommeil.

Née de la sourde révolte d'une domesticité soudain indignée, cette histoire éclaire d'une lumière crue l'injustice qui accompagne l'inégalité sociale. Sous la froideur statistique, c'est un immense fossé qui mine notre société et corrompt ses principes. Comment ne pas rapporter les montants faramineux qu'égrène l'affaire Bettencourt avec nos écarts de revenus, passés de 1 à 20 dans les années 1970 pour atteindre 1 à 230 en 2009, avec ce salaire mensuel maximal de 1 555 euros pour la moitié des salariés à temps complet du privé, ou avec ces 10 % les plus riches de la population qui possèdent à eux seuls 46 % de la fortune nationale ?

Ce n'est pas l'argent en soi, le fait d'en avoir et d'en profiter, qui est ici en cause – posture qui serait une tartufferie. C'est, plus essentiellement, le règne de l'argent et ses effets dévastateurs qui sont mis à nu, cette réalité sociale qui le promeut en valeur de toutes choses et de tout homme, cet univers marchand où l'argent, de simple instrument, est devenu – Charles Péguy encore – « maître sans limitation ni mesure ». Où l'argent, en somme, n'est plus un moyen, mais une fin, la seule fin que l'homme se propose et, en ce sens, la fin de l'homme.

De ce monde-là, Nicolas Sarkozy s'est voulu le propagandiste zélé et intéressé. Si certains doutaient encore qu'ainsi la France faisait fausse route, l'affaire Bettencourt aide à les convaincre qu'il est temps de revenir à l'exigence, constitutionnelle depuis 1945, d'une République sociale.

3. La corruption de la République par l'argent

Au printemps 1992, alors que les socialistes gouvernaient le pays, majoritaires depuis quatre ans à l'Assemblée nationale et occupant la présidence depuis onze ans avec

François Mitterrand, paraissait le livre d'un professeur de science politique dont le contenu, fort peu polémique, était démenti par le titre, au ton accusateur : *La Corruption de la République* (Fayard). Yves Mény s'y livrait à un constat clinique, constat repris à son compte par Pierre Bérégovoy, qui, devenu Premier ministre, s'engagera devant le Parlement à éradiquer ce qu'il n'hésitait pas à appeler, en effet, « la corruption ». L'ouvrage se déclinait en quatre parties dont les intitulés explicites donnent un avant-goût : « 1. Les conflits d'intérêts ou l'art de les contourner ; 2. Fonctions publiques, intérêts privés ; 3. De l'arrangement à la corruption ; 4. Corruption des règles, corruption des mœurs ».

Du cumul de fonctions ministérielles au budget avec celles de trésorier national du parti majoritaire jusqu'à l'emploi de la femme dudit ministre par le gestionnaire de la troisième fortune française, en passant par des services rendus, des décorations remises, des nominations opportunes, des missions confiées, des circulations monétaires, des enveloppes amicales, des soupçons de trafic d'influence ou de prise illégale d'intérêt, sans parler de conflits d'intérêts flagrants et répétés : l'affaire Bettencourt pourrait se raconter avec les mêmes formulations que celles des chapitres du livre de référence du professeur Mény. Comme si, dix-huit ans après, tout était à refaire, à redire et à reconstruire. Comme si, en matière de morale publique, la France n'avait plus guère de leçon à donner aux autres nations, notamment l'italienne, tandis qu'Yves Mény s'en était allé dispenser son savoir à l'Institut européen de Florence.

Les enregistrements clandestins du majordome comme le témoignage réitéré de la comptable des Bettencourt, sans oublier les documents qui les confortent au gré de l'enquête policière, nous font entrevoir l'envers du monde officiel, ses arrière-cuisines, grands arrangements et petites combines. Soudain, le rapprochement entre le « Premier Cercle » des donateurs fortunés de l'UMP, animé par le trésorier Éric Woerth, et le fameux bouclier fiscal avantageant les mêmes fortunés, promu par le ministre Éric Woerth, nous permet d'appréhender ce qu'est, socialement, un service rendu : une politique du donnant-donnant où les intérêts de classe s'affirment sans honte, tandis que les clientèles se recrutent sans gêne.

« C'est bien souvent lorsque la société française se trouve plongée dans une période critique que les scandales éclatent, tels des symptômes récurrents du mal de vivre républicain », écrit un autre universitaire, Jean Garrigues, dans *Les Scandales de la République* (Nouveau monde), où il montre qu'au ressort des indignations populaires face au spectacle de la corruption ou de l'affairisme on trouve toujours la même réalité soudain mise à nu : « Le goût de l'argent, la confusion des genres, le mélange des intérêts. » Loin d'être malsaine, la curiosité qu'ils suscitent recouvre le souhait, parfois sinon souvent déçu, d'un sursaut qui élève et relève la République.

De ce point de vue, la droite qui, aujourd'hui, gouverne et préside est à mille lieues de celui qui lui a donné droit de cité républicaine, en la sauvant de la débâcle vichyste où cette famille politique s'était majoritairement discréditée,

Charles de Gaulle. Au *Dictionnaire de Gaulle*, paru en 2006 chez Robert Laffont, on trouve une entrée « Argent » qui rappelle combien le fondateur de la Vᵉ République ne confondait pas les caisses de l'État et son portefeuille personnel. « Les possédants sont possédés par ce qu'ils possèdent », a-t-il écrit un jour, vantant, en bon disciple de Péguy, « l'honneur d'être pauvre » qu'incarnait la figure de Jeanne d'Arc. « Je me suis trouvé en face de l'ennemi vrai que j'ai eu pendant toute ma vie et qui est l'Argent », aurait-il dit, selon André Malraux, après sa défaite au référendum d'avril 1969 qui l'amena à quitter le pouvoir.

Ce rappel ne vaut certes pas quitus pour toute la politique gaullienne, dont la grève générale de mai 1968 montra, a contrario, quels intérêts économiques elle avait coutume de servir en priorité. Mais il dessine cette exigence de vertu républicaine autour de laquelle tout un peuple, dans sa diversité, peut se retrouver et fraterniser.

4. *Le détournement du financement des partis*

Surgie grâce à l'affaire Bettencourt, la question du financement des partis politiques est l'illustration évidente de l'utilité démocratique de nos révélations. En tirant, grâce aux enregistrements, le fil de trois chèques signés en mars dernier par Liliane Bettencourt à la demande de Patrice de Maistre – l'un au profit de Valérie Pécresse, le deuxième en faveur d'Éric Woerth et le troisième destiné à Nicolas Sarkozy lui-même – nous avons mis au jour cette myriade de « partis de poche » qui, pour l'essentiel à droite et à l'instigation de l'UMP, permettent de contourner la loi sur le financement public de la vie politique.

Il n'est pas indifférent de rappeler que cette loi, ébauchée à partir de 1988 et complétée depuis, est née de précédentes révélations journalistiques, concernant à l'époque le financement illicite du Parti socialiste. Un consensus s'est alors fait sur une idée simple : la politique a un coût et, afin d'éviter qu'il soit l'alibi de la corruption, la meilleure solution est d'assurer son financement public, grâce à nos impôts. Ce sont ainsi près de 75 millions d'euros qui sont versés chaque année aux partis politiques, sans compter les dispositions assurant sous condition de seuils et de plafonds le remboursement des frais de campagne ainsi que la possibilité encadrée de dons individuels à un parti (7 500 euros par an) et à un candidat (4 600 euros par candidat).

Un tel effort de la nation en faveur des partis et de leurs élus, par ailleurs rémunérés, rend non seulement inadmissible, mais de plus incompréhensible l'existence d'autres moyens de financement. Leur légalité affirmée n'empêche pas que ces « partis de poche », pompes à finances sans militant destinées aux seuls intérêts de carrière de l'élu qui les contrôle, sont une évidente combine. On est surpris d'apprendre que la commission chargée de contrôler tout cela s'en est émue, mais en vain et sans aucune publicité. On est encore plus surpris quand on découvre que le président de la République lui-même, pourtant porté au pouvoir par un parti qui bénéficie de la plus grosse part des financements publics et des plus importantes donations privées, profite d'un micro-parti toujours en activité financière et basé à Neuilly-sur-Seine, dont la présidence et la trésorerie sont assurées par deux ministres en place, dont celui de l'Intérieur.

Mais il y a pire encore : la circulation de sommes en espèces, destinées à l'UMP et/ou à ses responsables. Le témoignage détaillé, non seulement de l'ex-comptable des Bettencourt, Claire Thibout, mais aussi ceux d'autres employés de maison, qui confirment son sérieux et sa crédibilité, ainsi que leur recoupement avec les agendas des protagonistes, accréditent fortement sinon la matérialité – seul un juge d'instruction indépendant pourrait l'établir formellement – du moins le soupçon solide d'un financement illicite du parti majoritaire et, surtout, de la campagne présidentielle de son candidat, Nicolas Sarkozy. La fable des relations distantes entre le gestionnaire de fortune de Mme Bettencourt et le trésorier de l'UMP Éric Woerth ne tient plus. Outre une surprenante remise de Légion d'honneur, alors que l'épouse du ministre venait de devenir l'employée du gestionnaire, leurs rendez-vous, plus nombreux et plus fréquents qu'ils ne le prétendaient, ont été établis, avant comme après 2007, tandis qu'ont été confirmés les retraits d'espèces à des dates clés de la campagne présidentielle sur divers comptes bancaires français de Liliane Bettencourt.

Serait-il possible que la France ait élu un président de la République dont les comptes de campagne étaient insincères, sinon mensongers ? Serait-il pensable que des sommes d'argent liquide provenant de l'évasion et de la fraude fiscale aient contribué à cette campagne ? Et si tel était le cas, comment expliquer ce besoin d'espèces non déclarées alors que, justement, la France bénéficie désormais d'une législation assurant, sur nos deniers de citoyens imposables, le financement de la vie politique ?

Où l'on comprend, là encore grâce à l'affaire Bettencourt, que les instances de contrôle, de surveillance et de sanction sont de peu de poids face à un pouvoir présidentiel qui, une fois conquis, offre à son bénéficiaire une exceptionnelle protection.

5. L'injustice de la politique fiscale

Habitués du journalisme d'enquête, sous plusieurs présidences, certains des animateurs de Mediapart savent d'expérience que l'administration fiscale sait d'ordinaire veiller au grain. Loin d'y voir une inquisition, ils jugent ces réflexes de contrôle plutôt rassurants : tout comme le syndicaliste actif a tout intérêt à être un ouvrier irréprochable, le journaliste fouineur doit veiller à ne pas faire, accepter ou tolérer pour lui-même ce que, demain ou après-demain, ses révélations reprocheront à d'autres.

Aussi découvrir, à la faveur de l'affaire Bettencourt, non seulement l'ampleur de l'évasion fiscale de la troisième fortune de France – dont on peut, légitimement, supposer qu'elle n'est peut-être pas une exception en cette matière et en ces milieux – mais que cette même fortune n'a jamais fait l'objet en douze ans de la curiosité particulière des services fiscaux ne laisse pas de surprendre. Mettant en évidence

une fraude fiscale portant sur près de 80 millions d'euros
– sans compter l'île d'Arros, à l'évaluation incertaine, entre
500 millions ou 1 milliard selon les versions les plus géné-
reuses, plus vraisemblablement entre 50 et 100 millions
selon des estimations plus fiables – les premières informations de Mediapart ont été complétées par notre révélation
des montants reçus par Liliane Bettencourt au titre du
bouclier fiscal.

Ainsi, non contente d'être si peu surveillée par le fisc,
Mme Bettencourt en fut l'heureuse bénéficiaire, à hauteur
d'environ 100 millions depuis 2007. Le premier, Mediapart
a fait un calcul accablant qui confirme, s'il en était besoin,
que la France de Nicolas Sarkozy est un havre fiscal pour
les plus fortunés, alors même que classes moyennes et
supérieures sont sérieusement mises à contribution. Le
taux d'imposition de Liliane Bettencourt est en effet ridi-
culement bas par rapport à ses revenus et à sa fortune :
seulement 20 % des premiers (avant restitution du bouclier
fiscal) et 0,17 % de son patrimoine. Que tout cela soit légal
ne change rien à l'affaire : c'est une politique d'inégalité
construite et d'injustice affirmée qui, à travers cet exemple
flagrant, montre sa brutalité sociale.

Depuis, nous avons démontré que cette fiscalité favorable
aux grandes fortunes est au ressort d'une politique irrespon-
sable qui, loin de contribuer à la croissance économique,
a appauvri la France. Si cette orientation n'avait pas été
prise il y a une décennie et accélérée depuis 2007, les
comptes de la nation ne seraient pas dans le même état de
déficit. Près de 80 milliards d'euros – 77,7 exactement – se

sont évaporés dans cette manne fiscale depuis dix ans. Cette irresponsabilité a pourtant sa logique interne : la défense d'intérêts particuliers, ceux d'une couche sociale privilégiée, plutôt que celle de l'intérêt général.

L'affaire Bettencourt souligne l'urgence d'une refondation fiscale qui remette la République sur ses bases, celle d'une loi commune au bénéfice de tous, au lieu qu'elle se laisse gangrener par le service des privilèges d'une minorité.

6. La menace d'une justice d'exception

Imagine-t-on qu'un magistrat cité dans une procédure puisse lui-même mener l'enquête sur ce dossier ? Puisse en somme être juge et partie et, ainsi, rester le seul maître de l'avenir judiciaire d'une affaire qui pourrait le mettre en cause ? C'est pourtant ce qui se passe dans notre feuilleton où Philippe Courroye, procureur de Nanterre, s'arroge toutes les prérogatives de l'enquêteur alors même qu'il est l'un des protagonistes des enregistrements clandestins. On y apprend en effet qu'il a fait cause commune avec la présidence de la République pour soutenir Liliane Bettencourt contre sa fille Françoise dans le différend familial qui les oppose à propos de François-Marie Banier.

De tous les aspects de l'affaire Bettencourt, le sort fait à la justice est le plus immédiatement scandaleux. Refus de toute information judiciaire, multiplication des enquêtes préliminaires, perquisitions et auditions selon son seul bon vouloir, fuite de procès-verbaux vers l'Élysée, agenda judiciaire calé sur l'agenda médiatique des contre-attaques présidentielles, acharnement sur le personnel de maison des Bettencourt à l'origine du scandale, tandis que d'infinies précautions sont prises vis-à-vis des personnalités concernées, etc. : le procureur de la République de Nanterre est à l'évidence chargé de trouver une sortie judiciaire qui soit, en même temps, une issue politique pour le pouvoir.

Comment pourrait-il en être autrement ? Soumis hiérarchiquement au pouvoir exécutif et, dans le cas d'espèce, proche du président de la République lui-même, Philippe Courroye n'est pas un magistrat indépendant. À tel point qu'il fut nommé à Nanterre (en mars 2007, à la fin de la présidence Chirac) contre l'avis négatif du Conseil supérieur de la magistrature (CSM), instance consultative plutôt modérée. Il incarne la mise en œuvre d'une justice sans juge d'instruction, où le parquet maîtrise seul l'élucidation des faits qui seront ensuite directement soumis à un tribunal. Le zèle certain qu'il y apporte mêle le carriérisme et la conviction, dans un conflit ouvert avec les juges du siège de son ressort que symbolise sa guerre contre Isabelle Prévost-Desprez, présidente de la chambre financière du tribunal de Nanterre (Hauts-de-Seine).

Le 21 janvier dernier, lors de l'audience solennelle de rentrée, des magistrats en robe n'hésitèrent pas à quitter la salle au moment même où le procureur Courroye intervenait. Dehors, ils ont lu une motion adoptée en assemblée générale convoquée au sein du tribunal. « Par son action personnelle, explique cette protestation, en dénonçant des faits inexacts ou des faits non vérifiés résultant de rumeurs, M. Courroye a en réalité cherché à faire pression sur un magistrat [...] et, à travers lui, sur l'ensemble des magistrats du siège qui seraient tentés de prendre des décisions non conformes aux attentes supposées du pouvoir politique. » Ce seul rappel, indépendamment du conflit d'intérêts (sa mention dans les enregistrements) et de la nécessité d'une enquête indépendante (sans liens de soumission au pouvoir), aurait dû justifier le dépaysement de l'affaire par souci d'une justice sereine et équitable.

La justice d'exception qu'incarne Philippe Courroye dans l'affaire Bettencourt n'est pas sans rapport avec les révélations qui l'ont provoquée. Car ce sont les faits qui dérangent, et ce sont ces faits qu'il faut discréditer, relativiser ou étouffer. « Faire valider par le tribunal des procédures cousues main par le parquet » : c'est en ces termes qu'Isabelle Prévost-Desprez, dans son livre récent, *Un juge à abattre* (Fayard), décrit ce « laboratoire de la justice de demain » qu'est le tribunal de Nanterre, situé dans un département qualifié de « duché présidentiel », à la fois fief électoral de Nicolas Sarkozy, territoire le plus riche de France et siège social de nombre de grandes entreprises. Des caractéristiques que bien des magistrats spécialisés dans les dossiers financiers mettent en rapport avec la faible productivité du parquet de Nanterre en ces matières.

Pour la juge Prévost-Desprez, qui fut la collègue de Philippe Courroye quand il était juge d'instruction, il n'y a pas de mystère : là encore, c'est l'argent-roi qui mène bataille. « Je franchis le pas, écrit-elle au début de son ouvrage, pour dire que le pouvoir de l'argent a fini par vaincre la justice. Pour raconter comment la partie a été perdue par ceux qui croient au droit en s'opposant à l'arbitraire et à l'injustice. Pour témoigner de cette défaite qui a vu les puissants obtenir l'impunité qu'ils réclament depuis longtemps. »

L'enjeu immédiat de l'affaire Bettencourt est de savoir si elle confirmera cette défaite annoncée ou si, à l'inverse, elle marquera le début d'une reconquête par la justice de son indépendance, grâce au soutien de l'opinion publique.

7. *La responsabilité du président de la République*

Née de l'affaire Bettencourt, l'affaire Woerth n'est qu'un paravent : elle cache l'affaire Sarkozy. C'est d'abord en tant que trésorier national de l'UMP, poste qu'il occupait jusqu'à ces dernières semaines, qu'Éric Woerth s'est trouvé entretenir des relations de proximité avec l'entourage de Liliane Bettencourt, mise à contribution pour les campagnes du parti présidentiel. Et l'on imagine mal ce trésorier ne rendre aucun compte au candidat de 2007, élu depuis président et probable futur candidat en 2012. Aussi le carré formé autour du ministre du Travail aux premiers jours de l'affaire, comme si son « honnêteté » personnelle était en cause, ne doit pas faire illusion : c'est le général Sarkozy qu'il fallait à tout prix protéger, quitte à transformer le soldat Woerth en opportun bouclier.

Si l'on en doutait, la confirmation a été apportée par l'affolement indescriptible de l'entourage présidentiel après la mise en ligne, sur Mediapart, le 6 juillet, du témoignage

LA VALEUR DE L'INFORMATION

de l'ex-comptable des Bettencourt, qui évoquait le financement passé de personnalités de droite, dont Nicolas
Sarkozy, et surtout le versement de sommes en espèces pour
la campagne présidentielle de 2007. L'insigne campagne
de diffamation orchestrée depuis l'Élysée contre notre
journal en ligne – « des méthodes fascistes » évoquant
« les années trente » – témoignait, par sa virulence, d'une
grande panique. Grossière dans son expression, cette
contre-attaque fut aussi peu regardante dans ses méthodes,
comme en témoigne l'épisode du procès-verbal tronqué de
l'ex-comptable anonymement repris sur le site du *Figaro*
à l'insu de sa rédaction.

En fait, le président de la République est ès qualités
concerné depuis le début par les révélations de l'affaire
Bettencourt. Il l'est d'abord à propos de la bonne marche
de la justice, puisque les enregistrements attestent les
interventions directes de son conseiller pour les affaires
de justice, Patrick Ouart, depuis passé au privé, dans le
dossier judiciaire qui oppose Liliane Bettencourt à sa fille.
De plus, ces interventions, qui auront des conséquences
sur l'attitude du procureur Courroye et qui témoignent
à l'évidence d'un déséquilibre des armes défavorable à
l'une des parties, font suite à deux rendez-vous à l'Élysée
où Nicolas Sarkozy lui-même a reçu Liliane Bettencourt
accompagnée de Patrice de Maistre et, une autre fois, ce
dernier hors la présence de la milliardaire.

Faut-il rappeler qu'en vertu de l'article 64 de la
Constitution « le président de la République est garant de
l'indépendance de l'autorité judiciaire » ? Son implication

personnelle et l'intervention de son conseiller dans un différend judiciaire familial sont-elles compatibles avec cette responsabilité ? Le sont-elles quand, de plus, les enregistrements prouvent, et cela n'a pas été contredit, qu'il a lui-même bénéficié, en mars dernier, d'un chèque de Liliane Bettencourt d'un montant 7 500 euros dont on se refuse à nous dire, preuves à l'appui, s'il était destiné à l'UMP ou au « parti de poche » neuilléen de Nicolas Sarkozy, qui, malgré son élection, n'a toujours pas été mis en sommeil ?

Ces faits-là – l'intervention judiciaire, le chèque reçu – qui ne sont pas contestés, prendraient évidemment une tout autre ampleur s'il se confirmait que la campagne du candidat Sarkozy en 2007 a bénéficié d'importants financements illicites – versés en espèces et non déclarés dans les comptes de campagne – issus des largesses de Mme Bettencourt, via son gestionnaire de fortune, Patrice de Maistre, décoré depuis de la Légion d'honneur. Loin de faire taire cette hypothèse, l'acharnement à éviter toute enquête indépendante d'un ou plusieurs juges d'instruction lui donne quelque consistance. Car, s'il n'y a rien à cacher, pourquoi ne pas laisser travailler la justice non seulement en toute liberté, mais avec plus de pouvoir, de compétence et de rigueur que n'en offre le cadre contraint des enquêtes préliminaires ?

Du préfet Guéant au procureur Courroye, en passant par ses fidèles relais policiers, le président de la République s'approprie l'État, ses services et ses fonctionnaires, pour se protéger d'une affaire qui, potentiellement, le met en cause. Nicolas Sarkozy n'est certes pas le premier à bénéficier de ce déséquilibre institutionnel qui, en sus des immunités conférées par leur irresponsabilité et leur inviolabilité pénales, préserve nos présidents de toute contestation autre qu'électorale en les mettant à l'abri du bunker élyséen. Mais, héritier des dérives de ses prédécesseurs, il les a accentuées et confortées en construisant une hyperprésidence encore plus déséquilibrée que les précédentes, notamment par l'affaiblissement de ces deux piliers démocratiques que sont une justice indépendante et une information libre.

Comment ne pas comprendre, dès lors, que sa majorité et son gouvernement mettent si peu d'empressement à proposer la loi organique qui définira les modalités d'application de l'article 68 de la Constitution ? Legs ironique, en février 2007, des tout derniers mois de la présidence de Jacques Chirac, ce nouvel article remplit un vide constitutionnel puisque, jusqu'alors, il n'existait pas de procédure politique de destitution d'un président de la République française qui aurait manqué à ses devoirs. Désormais, la Constitution énonce donc : « Le Président de la République ne peut être destitué qu'en cas de manquement à ses devoirs manifestement incompatible avec l'exercice de son mandat. La destitution est prononcée par le Parlement constitué en Haute Cour. » Reste que les conditions d'application sont renvoyées à une loi organique et qu'après une proposition des sénateurs socialistes, en octobre 2009, celle-ci a été renvoyée sine die.

« Le président de la République veille au respect de la Constitution. Il assure, par son arbitrage, le fonctionnement régulier des pouvoirs publics ainsi que la continuité de l'État », énonce l'article 5, qui définit son rôle institutionnel. Quant à l'article 1 de la Constitution, il précise que la France est une République « démocratique et sociale » et qu'elle « assure l'égalité devant la loi de tous les citoyens sans distinction ». Si le pouvoir réussit à la faire taire judiciairement ou à la faire oublier politiquement, l'affaire Bettencourt restera comme une leçon de choses civique permettant à chaque citoyen de mesurer la distance qui sépare notre ordinaire politique des grands principes républicains.

À l'inverse, si l'affaire Bettencourt réussit à prospérer judiciairement et politiquement, elle pourrait être la scène inaugurale d'une refondation où la devise républicaine reprendrait force et vie : liberté, égalité, fraternité...

Affaire Cahuzac :
la République du silence

Cet article est paru le 29 juillet 2013 alors que la commission d'enquête parlementaire, créée après la confirmation judiciaire des révélations de Mediapart sur le compte suisse, puis singapourien, du ministre socialiste du Budget, avait décidé de ne pas entendre le Premier ministre, Jean-Marc Ayrault.

Le refus de l'audition du Premier ministre par la commission d'enquête parlementaire sur l'affaire Cahuzac est un double mauvais coup. Porté à la vérité, car cette audition est nécessaire pour éclaircir les mystères de l'enquête administrative qui a failli innocenter l'ex-ministre du Budget. Et à la démocratie, car cette audition s'impose au nom du simple respect de la Constitution.

L'article 24 de la Constitution de la Vᵉ République française en ouvre le Titre IV, consacré au Parlement. Ses trois premières phrases définissent le rôle et le pouvoir de ce dernier : « Le Parlement vote la loi. Il contrôle l'action du Gouvernement. Il évalue les politiques publiques. » En rejetant, par dix voix contre huit, l'audition du Premier ministre, la majorité socialiste de l'Assemblée nationale a donc montré le peu de cas qu'elle fait d'un respect strict de la loi fondamentale, de sa lettre comme de son esprit, quand celui-ci risque de l'embarrasser. Car elle empêche ainsi la commission d'enquête présidée par le député centriste (UDI) Charles de Courson d'aller jusqu'au bout de sa mission constitutionnelle : contrôler l'action du gouvernement et évaluer les politiques publiques face à leurs « éventuels dysfonctionnements, entre le 4 décembre 2012 et le 2 avril 2013, dans la gestion d'une affaire qui a conduit à la démission d'un membre du Gouvernement », ainsi que le dit son intitulé.

Triste ironie de cette dérobade sous François Hollande, on doit cet énoncé sans ambiguïté du pouvoir des parlementaires, députés et sénateurs, à la présidence précédente, celle de Nicolas Sarkozy. C'est en effet la révision constitutionnelle du 23 juillet 2008 qui a reformulé l'article 24, jusqu'alors totalement muet sur les pouvoirs du législateur face au pouvoir exécutif. Cette révision, approuvée de justesse grâce au renfort d'une voix socialiste, celle du député Jack Lang, s'était heurtée à un « non de déception » des parlementaires socialistes qui jugeaient la réforme « frileuse et incomplète », insuffisante à instaurer « un pacte démocratique propre à rééquilibrer notre République ».

Ces mots étaient ceux du président du groupe socialiste à l'Assemblée nationale, Jean-Marc Ayrault, lors du débat en première lecture, le 3 juin 2008. Jugeant que « l'encadrement des pouvoirs présidentiels demeure purement virtuel », le futur Premier ministre affirmait que « ni la pratique ni le déséquilibre de nos institutions ne sortiront changés » avec cette révision, avant de dénoncer, pour finir, à l'adresse de la majorité UMP de l'époque, « le décalage persistant entre les bonnes intentions qui président à votre réforme et la réalité de vos actes ». Désormais, le compliment peut être aisément retourné à l'attention de la majorité PS qui lui a succédé.

Qui n'a pas renoncé aux idéaux d'une République citoyenne ne saurait s'habituer à ce reniement récurrent, une fois au pouvoir, des principes proclamés dans l'opposition. Pari de court terme, ces habiletés politiciennes sont, sur la durée, un désastre démocratique, discréditant l'idée même d'une politique vertueuse. Mais, d'ores et déjà, elles alimentent en l'espèce les soupçons au lieu de les dissiper. Si, dans l'affaire Cahuzac, tout fut transparent, sans manœuvres tordues ni secrets inavouables, comme l'ont affirmé sous serment ses ministres de la Justice, de l'Intérieur et de l'Économie, pourquoi le chef du gouvernement ne viendrait-il pas à son tour rendre compte et rendre des comptes devant la commission d'enquête ?

Pourquoi avoir pris ce risque politique qui, inévitablement, se paiera cher, et sans doute dès que les travaux de la commission d'enquête reprendront, en septembre ? Pourquoi sinon parce que le pouvoir a quelque chose à cacher sous les incohérences de sa gestion de l'affaire Cahuzac ? La question est d'autant plus légitime que cette audition de Jean-Marc Ayrault était devenue un impératif logique face aux contradictions mises au jour par les travaux de la commission sur ce qui est devenu le nœud de son enquête : l'enquête administrative diligentée à la mi-janvier par Bercy qui permit de proclamer, début février, un blanchiment par la Suisse de Jérôme Cahuzac. Et cela alors même qu'une enquête judiciaire était en cours depuis le 8 janvier qui allait prouver l'inverse, en confirmant la vérité des informations de Mediapart sur le compte suisse non déclaré du ministre du Budget.

Cet épisode est le dysfonctionnement principal dans l'action du gouvernement et des services de l'État face à la révélation que le ministre du Budget, patron de l'administration fiscale, était lui-même, et de longue date, un fraudeur. Si l'enquête préliminaire, diligentée par le parquet de Paris et provoquée par l'entêtement de Mediapart, n'avait pas persévéré, cette démarche de l'administration fiscale française dans le cadre d'un accord d'entraide franco-suisse aurait pu réussir à transformer le mensonge en vérité, comme ces alchimistes qui prétendaient changer le plomb en or. François Molins, le procureur de la République de Paris, n'a-t-il pas confié à la commission d'enquête avoir « eu quelques doutes » sur sa propre enquête préliminaire au vu du tohu-bohu médiatique provoqué par la mise en scène de la (fausse) réponse suisse à une (mauvaise) question du fisc français ?

Un rappel n'est pas inutile pour prendre la mesure de cette pression objective sur l'opinion, les médias et la justice qu'a constituée cette affirmation, depuis le ministère de l'Économie et des Finances, que les autorités helvétiques avaient officiellement blanchi Jérôme

Cahuzac de tout soupçon de détention d'un compte non déclaré en Suisse.

Tout commence le mardi 5 février au soir par la mise en ligne, sur le site du *Nouvel Observateur*, d'un article (qui ne sera pas repris dans l'édition imprimée) révélant la démarche du fisc français. Son auteur résume, d'un prudent « Il semble que ce ne soit pas le cas », la réponse négative obtenue à propos de l'existence d'un compte à l'UBS de Jérôme Cahuzac entre 2006 et 2010, la période couverte par la demande.

Dès le lendemain, mercredi 6 février, c'est le toujours ministre délégué au Budget Jérôme Cahuzac qui, le premier, commente dans les médias cette démarche, en explique le mode d'emploi et en proclame la conclusion favorable : « Comme moi, je connais la vérité, je n'ai aucun doute quant à la nature de la réponse qui a été apportée. » « Je ne me suis jamais senti coupable », insiste-t-il devant plusieurs médias réunis (AFP, *Le Monde*, France Info et LCP), s'offrant le luxe, grand seigneur, de créditer les journalistes de Mediapart « d'une forme de sincérité » : « C'est un problème entre eux et leur conscience maintenant qu'ils savent ou devinent la vérité. »

Le jeudi 7 février, c'est au ministre de l'Économie et des Finances de monter à son tour au créneau pour enfoncer le clou. À la matinale de France Inter, Pierre Moscovici assume d'emblée la responsabilité de cette initiative (« J'ai demandé », insiste-t-il), puis, après s'être abrité derrière le secret fiscal pour ne pas dévoiler précisément la réponse suisse, lâche cette phrase qui, aujourd'hui, l'accable :

« En lançant cette procédure, je n'avais pas de doute sur son résultat. » Questionné sur le conflit d'intérêts d'une enquête diligentée par l'administration dont M. Cahuzac est le ministre alors même qu'il est concerné par une enquête de justice en cours, M. Moscovici affirme que son ministre délégué « n'est pas intervenu dans cette procédure » – autre déclaration rétrospectivement fort gênante. Puis, relancé sur sa conclusion apparemment positive pour Jérôme Cahuzac, il n'hésite pas à répéter sa conviction : « Je n'ai pas de doute sur le résultat que pouvait engendrer cette procédure. »

Ainsi conforté par son ministre de tutelle et gratifié d'une réponse administrative dont, sans qu'on puisse le vérifier puisqu'elle est couverte par le secret, le gouvernement affirme publiquement qu'elle lui est favorable, Jérôme Cahuzac repart à l'assaut médiatique dès le lendemain, vendredi 8 février. Sur les ondes matinales de RMC et les écrans de BFMTV, il vient triompher : « Depuis le début, c'est moi qui dis la vérité. » La réponse suisse « permettra d'en finir avec ces saletés », s'enflamme-t-il, après avoir souligné que « la justice la connaît », laissant ainsi entendre que l'enquête judiciaire devra forcément s'y plier tant les questions posées à la Suisse l'auraient été par « des professionnels très compétents ». Lesquels grands professionnels, on le sait depuis, n'en ont pas moins obtenu une contre-vérité en lieu et place de la vérité des faits...

Apothéose de cette contre-attaque dont Mediapart était supposé ne pas se relever, les samedi 9 et dimanche 10 février, sur le site du *Journal du dimanche*, puis sur son édition imprimée, on pouvait lire, annoncé en une, un long article titré « Les Suisses blanchissent Cahuzac ». Affirmation directement sourcée de Bercy : « "Il n'y a aucune place au doute dans la réponse transmise par la Suisse", certifie au JDD l'entourage du ministre de l'Économie », écrivait l'hebdomadaire.

Face à un tel tir groupé, Mediapart tint bon, mais c'est peu dire que notre parole fut dévalorisée. Le lundi 11 février, à la matinale de Canal Plus, le président de l'Assemblée nationale, Claude Bartolone, nous sommait de ne plus « déstabiliser » Jérôme Cahuzac car « il n'y a rien à lui reprocher » : « Maintenant, on a des preuves, la preuve que ce qu'a dit Cahuzac pendant toute la durée des accusations contre lui était vrai. Il n'a jamais eu de compte en Suisse. » Bref, fermez le ban, taisez-vous et circulez, il n'y a plus rien à voir !

Imaginons ce qu'il serait advenu de l'affaire Cahuzac si, en ce début février 2013, il n'y avait pas eu encore d'enquête préliminaire diligentée, confiée à des policiers spécialisés dans les affaires financières. Imaginons que, dans la solitude qui était alors la sienne, Mediapart n'ait pas eu l'audace d'interpeller le procureur de la République de Paris sur son inaction face aux faits révélés en lui adressant un courriel le 27 décembre 2012. Bref, imaginons que la justice n'ait pas été saisie parce que nous n'aurions pas pris cette initiative tandis que le pouvoir s'abstenait scrupuleusement de le faire, au point de ne même pas signaler la démarche volontaire auprès de l'Élysée de Michel Gonelle, le détenteur de l'enregistrement fatal pour M. Cahuzac...

Car c'est bien notre lettre publique, et elle seule, qui a mis en mouvement la justice. Le procureur de Paris François Molins a confié à la commission d'enquête que notre courrier « a contribué à accélérer les choses : dès lors que j'étais destinataire d'une lettre, il fallait que je prenne position ». Son supérieur hiérarchique, le procureur général François Falletti, est plus catégorique, qualifiant notre courrier de « signalement », d'« élément nouveau » et, même, de « dénonciation explicite » : Mediapart « écrit au procureur le 27 décembre. Si la décision d'ouvrir une enquête est prise le 4 janvier (elle sera connue le 8), c'est qu'il y a ce signalement explicite auprès du procureur de la République ». Et de préciser, comme un rappel du poids de la responsabilité qui a alors pesé sur notre journal : « Je note d'ailleurs que, si cette dénonciation s'était révélée mensongère, elle serait tombée sous le coup de la loi. »

Ainsi donc le pouvoir s'abstient de saisir la justice – alors même que tous ses discours proclament à l'époque qu'il lui revient de faire toute la lumière – mais diligente une procédure fiscale qui, s'il n'y avait pas eu le contrepoids du parquet et le travail des policiers, aurait durablement conclu à l'innocence de Jérôme Cahuzac et à la faute de Mediapart !

On comprend donc que l'affaire de cette enquête administrative parallèle à l'enquête judiciaire soit au cœur des questions auxquelles doit répondre la commission parlementaire. En découle logiquement l'impératif d'en élucider les motivations et les mécanismes auprès de tous les protagonistes concernés et impliqués, parmi lesquels le Premier ministre.

Car, quelle qu'en soit l'explication, cette démarche fiscale fut, par le détour de sa médiatisation spectaculaire, une forme de pression sur la justice. Le fait que cette dernière ait par bonheur su y résister n'enlève rien au risque pris alors d'entraver la manifestation de la vérité. Les magistrats entendus par la commission parlementaire ne se sont pas privés de le dire. À la question de savoir s'il trouve normal que l'administration fiscale ait poursuivi ses investigations alors qu'une enquête préliminaire était ouverte, le procureur de Paris a sèchement répondu : « Clairement, non. »

Rappelant son étonnement d'avoir appris par des appels de journalistes l'existence de cette demande d'entraide à la Suisse, et donc de n'en avoir pas été préalablement informé, François Molins a ajouté : « Je n'ai pas d'exemple, dans le fonctionnement de la section économique et financière du parquet de Paris, d'enquête diligentée dans ces matières où, parallèlement à l'enquête judiciaire, Bercy ait effectué ce type de demande. Pour nous, c'est une première ! » Christiane Taubira, la garde des Sceaux, devra elle-même convenir, dans une lettre adressée le 18 juillet au président de la commission, de l'absence totale de précédent : « Après avoir consulté mes services, il n'a pas été trouvé trace de dossiers judiciaires signalés à la Chancellerie dans lesquels le Ministère public aurait été informé d'une demande de renseignements adressée à des administrations fiscales étrangères, plus particulièrement l'administration fiscale suisse. »

De plus, les travaux de la commission parlementaire ont mis en évidence qu'à cette étonnante exception s'ajoute le curieux amateurisme de la question posée à l'administration fiscale suisse. Faisant comme si l'établissement Reyl (devenu banque en 2010) et son relais parisien, Hervé Dreyfus, n'avaient pas été évoqués dès décembre 2012 par Mediapart (ainsi que par le quotidien suisse *Le Temps*) dans la gestion des avoirs suisses de Jérôme Cahuzac, le fisc français a pris grand soin de ne pas les mentionner dans sa démarche, se limitant à la seule banque UBS. « Il est possible d'ouvrir un compte avec un prête-nom, on peut avoir un compte sans détenir des avoirs… » a ainsi rappelé le procureur général Falletti, ajoutant : « Il faut que la demande soit suffisamment détaillée. Si l'on va "à la pêche" auprès des autorités helvétiques, on s'expose à un échec. »

Quant à son subordonné, le procureur de Paris François Molins, il ne s'est pas privé de souligner l'abîme de compétence qui séparait la démarche fiscale de sa demande d'entraide pénale adressée, sur la base des investigations policières provoquées par Mediapart, à la justice suisse le 12 mars : « Vous comprendrez qu'il n'y a guère de points communs entre une demande d'assistance qui tient sur une page et se résume à quelques questions (celle de Bercy), et une demande d'entraide pénale internationale qui fait une dizaine de pages, rappelle des faits, pose des questions nombreuses. Ce sont deux procédures difficilement comparables. » Même la directrice des affaires criminelles et des grâces au ministère de la Justice, Marie-Suzanne Le Quéau, a confié son étonnement multiple de n'avoir jamais été destinataire de la demande initiale de Bercy, du caractère « extrêmement succinct » de la réponse suisse et, surtout, du caractère « inédit » de cette procédure.

Une procédure dont même le directeur de cabinet de Pierre Moscovici, Rémy Rioux, a dû convenir, devant la commission, qu'elle avait bien peu de chances d'aboutir à la vérité vraie. Sur les 426 demandes adressées à la Suisse depuis l'entrée en vigueur de la nouvelle convention d'entraide fiscale de 2009, l'administration française n'a reçu, après un peu plus de deux ans de mise en œuvre, que vingt-neuf réponses dont seulement six étaient exploitables !

Dès lors, pourquoi avoir pris le risque d'une procédure à la fois inopérante, maladroite, mal conçue et malvenue ? La réponse se situe entre une incompétence de bonne foi (ses initiateurs croyaient sincèrement à l'innocence de Jérôme Cahuzac) et une manœuvre de mauvaise foi (ils voulaient à tout prix le sauver, même s'il mentait). Si la première hypothèse n'est pas glorieuse, la seconde est pitoyable. Hélas, en ayant empêché l'audition du Premier ministre, la majorité socialiste lui donne corps tant il serait aisé à Jean-Marc Ayrault, dans le scénario de bonne foi, de dissiper ombres et malentendus.

Pourquoi ce verrouillage, pourquoi ce silence ? Silence d'autant plus injustifié et verrouillage d'autant plus incompréhensible que c'est dans un esprit de transparence proclamé – montrer qu'il s'interrogeait, prouver qu'il agissait – que le président de la République a lui-même revendiqué l'initiative de cette enquête fiscale dont, jusqu'alors, Pierre Moscovici était seul à assumer la paternité. Le 21 mai dernier – soit la veille du début des auditions de la commission d'enquête – lors d'un entretien avec la journaliste du *Point* Charlotte Chaffanjon, François Hollande fait cette confidence qui ne sera connue qu'en juillet : c'est le mercredi 16 janvier 2013, en marge du conseil des ministres, que fut décidée à l'Élysée même la démarche auprès des autorités suisses.

« François Hollande et Jean-Marc Ayrault convoquent Pierre Moscovici et Jérôme Cahuzac dans le bureau présidentiel, explique la journaliste. Les deux têtes de l'exécutif réclament au ministre de l'Économie et des Finances une demande d'entraide à la Suisse. "Ils ont un sentiment d'inquiétude", raconte un observateur très privilégié. "Ils en ont surtout marre de se faire balader", résume un autre. "Puisque tu n'arrives pas à avoir une réponse par la voie personnelle, on va passer par la voie conventionnelle", expliquent François Hollande et Jean-Marc Ayrault à Jérôme Cahuzac, qui n'a d'autre choix que celui d'accepter. "Dans un premier temps, il avait été demandé à Jérôme Cahuzac de faire la démarche lui-même par ses avocats. Comme rien n'est venu de ce côté-là, il a été décidé d'engager la procédure prévue par la convention fiscale entre la France et la Suisse", confirme François Hollande après coup. »

C'est sans doute une coïncidence, mais qui illustre la course de vitesse alors engagée entre vérité et mensonge : toujours est-il que cette réunion élyséenne s'est tenue le jour même où Michel Gonelle remettait à la police judiciaire la copie de l'enregistrement de la conversation de fin 2000 où Jérôme Cahuzac évoquait son compte suisse. L'aveu tardif de son existence – Pierre Moscovici s'était bien gardé de l'évoquer dans l'entretien en forme de plaidoyer qu'il nous a accordé à la mi-avril pour justifier son action dans l'affaire Cahuzac – légitime des investigations complémentaires de la commission d'enquête, ne serait-ce que pour vérifier les dires des protagonistes.

Affrontant non sans morgue la commission d'enquête parlementaire, le directeur général des finances publiques, patron tout-puissant du fisc, avait revendiqué l'idée de la démarche suisse, présentée comme purement administrative, loin de tout calcul politique. « Le 14 janvier », soit deux jours avant la réunion élyséenne, a expliqué Bruno Bézard, « nous étions en train de préparer notre demande d'assistance administrative », dont il sera en effet le maître d'œuvre.

Or voici que l'on apprend que cette initiative est remontée jusqu'à l'Élysée, au point de recevoir un feu vert politique du président de la République, qui, pourtant, n'a pas dans ses compétences constitutionnelles la direction de l'administration fiscale ! Pis, le principal intéressé, Jérôme Cahuzac, juge et partie en conflit d'intérêts flagrant, était présent à cette réunion et, donc, informé au préalable de la procédure au mépris de la supposée « Muraille de Chine » construite à Bercy entre ses responsabilités ministérielles de ministre du Budget et la gestion particulièrement sensible de son propre dossier fiscal ! Pis encore, à en croire Pierre Moscovici en personne, Jérôme Cahuzac fut même consulté sur le contenu de la démarche administrative : selon le témoignage du ministre de l'Économie, qui a confirmé devant les parlementaires la réunion de l'Élysée tout en la situant dans un autre lieu – le salon attenant au conseil des ministres, et non pas le bureau présidentiel –, le ministre du Budget « s'est montré serein et, dans l'hypothèse où la demande se produirait, il a demandé qu'elle couvre la période la plus large ; nous y avons veillé... »

Du coup, l'hypermnésique Cahuzac que décrivaient les portraits avantageux d'avant sa chute est soudain devenu amnésique. Entendu une seconde fois par la commission d'enquête, l'ancien ministre ne se souvient plus de rien, et certainement pas de cette réunion. On le comprend, dire le contraire serait reconnaître qu'il a menti sous serment en affirmant, lors de sa première audition : « Pierre Moscovici ne m'a jamais informé de cette procédure. »

Le chef de l'État ne pouvant être entendu au nom de la séparation des pouvoirs, reste le quatrième protagoniste de cet impromptu élyséen : le Premier ministre. Craint-il, lui aussi, de devoir mentir faute de pouvoir dire toute la vérité ? Veut-il ménager ou protéger Cahuzac, que son témoignage, en le contredisant, pourrait exposer à de lourdes poursuites pénales, prévues en cas de faux témoignage sous serment ? Redoute-t-il d'exposer plus encore le président de la République, désormais en première ligne depuis sa confidence sur la réunion du 16 janvier ? Craint-il un rebondissement inattendu de l'instruction judiciaire en cours sur les avoirs dissimulés à l'étranger par Jérôme Cahuzac, leur provenance comme leur destination ?

Quelle que soit la bonne réponse – et certaines peuvent se cumuler – la dérobade de Jean-Marc Ayrault est une faute politique, doublée d'une insulte au Parlement. Mais ses premiers responsables sont les députés de la majorité socialiste, qui n'ont pas su être au rendez-vous de leur mandat d'élus de la nation, préférant la servitude volontaire envers le pouvoir exécutif à l'affirmation démocratique de leur pouvoir de contrôle. « Disons-le à nouveau : ce qui manque à l'Assemblée nationale, ce ne sont pas les pouvoirs, mais les députés pour les exercer » : la formule, cinglante, est du constitutionnaliste Guy Carcassonne, décédé il y a peu, lequel fut un ami très proche de Jérôme Cahuzac.

En recouvrant d'un voile de silence l'énigme politique de l'affaire Cahuzac – l'inconséquence et l'incohérence du pouvoir face à nos informations – la dérobade finale imposée à la commission d'enquête aggrave la faute politique initiale. Celle de ne pas avoir tranché dans le vif dès décembre 2012, au vu de la consistance de nos révélations, comme le recommandait en 2006 un député socialiste, devenu depuis président de la République. « À l'origine de toute affaire, au-delà de son contenu même, il y a d'abord un mensonge, affirmait François Hollande dans *Devoirs de vérité* (Stock). La vérité est toujours une économie de temps comme de moyens. La vérité est une méthode simple. Elle n'est pas une gêne, un frein, une contrainte : elle est précisément ce qui permet de sortir de la nasse. Même si, parfois, dans notre système médiatique, le vrai est invraisemblable. »

Sarkozy-Kadhafi :
l'affaire des affaires

Cet article est paru le 17 octobre 2017, alors que Fabrice Arfi et Karl Laske rassemblaient dans un livre l'enquête qu'ils mènent pour Mediapart depuis 2011 sur la compromission de Nicolas Sarkozy avec le dictateur libyen. Ce dossier fait toujours l'objet d'une instruction judiciaire dont tout démocrate sincère doit souhaiter qu'elle aille jusqu'à son terme.

Fabrice Arfi et Karl Laske ont rassemblé dans un livre six ans d'enquête sur l'affaire Sarkozy-Kadhafi. « L'histoire d'une haute trahison » : la corruption d'un clan politique français par une dictature étrangère. Retour sur une histoire hors norme.

Avec les compliments du Guide (Fayard) raconte la déchéance d'une république, la nôtre, et l'entêtement d'un journal, le vôtre. Se lisant d'une traite, comme un roman noir où l'action ne ferait jamais de pause, ce récit par Fabrice Arfi et Karl Laske de leurs six années d'enquête pour Mediapart sur l'affaire Sarkozy-Kadhafi a l'efficacité d'un rapport clinique. Sans bavardage ni commentaire, les faits ne cessent d'y parler d'eux-mêmes. Pièce après pièce, le puzzle prend forme pour finir en une synthèse définitive d'une affaire à nulle autre pareille : l'affaire des affaires.

Jamais, dans la longue chronique des corruptions républicaines, nous n'avons contemplé un tableau aussi dévastateur. Au centre, entouré de son clan, trône Nicolas Sarkozy, soit un politicien professionnel de premier plan, longtemps leader incontesté de sa famille politique, président de la République française durant cinq années (2007-2012), aujourd'hui encore personnage public considéré. Tout autour de lui, des scènes dignes des Gorgones, ces créatures malfaisantes de la mythologie grecque dont la seule contemplation pouvait pétrifier ceux qui les regardaient. Car la vérité que les deux enquêteurs de Mediapart nous obligent à voir en face est proprement stupéfiante et effrayante.

C'est donc l'histoire d'une durable compromission avec une dictature, commencée dès 2005 alors que Nicolas Sarkozy est ministre (de l'Intérieur, puis de l'Économie) ; de la sollicitation d'un financement occulte substantiel par l'argent noir de ce même régime libyen ; d'une élection présidentielle dont la campagne fut corrompue par ce financement illégal venu d'un État étranger ; d'une mise en scène humanitaire (la « libération » des infirmières bulgares) pour justifier la réception triomphale de Mouammar Kadhafi fin 2007 par la République française ; d'une alliance devenue soudain encombrante quand le souffle inattendu des révolutions arabes en menaçait les secrets inavouables par le renversement populaire de la dictature qui les détenait ; d'une guerre dévastatrice, déclenchée en 2011, dont l'un des résultats, sinon des objectifs, fut d'effacer précipitamment les traces de ces compromissions, sinon leurs témoins, au premier rang desquels le dictateur lui-même, et de s'assurer que les survivants continuent de les enfouir ; et, enfin, de manœuvres incessantes et concertées pour que ces vérités ne voient pas le jour, soient délégitimées dans le débat public et ignorées par une justice empêchée.

N'eût été le travail acharné de Fabrice Arfi et Karl Laske, dont le premier article remonte au 28 juillet 2011, lors de l'exploitation des documents Takieddine, avant même que la justice ne s'en saisisse, rien de tout cela ne serait su aujourd'hui, documenté, établi, connu et, espérons-le, débattu demain. Car, dans une démocratie authentique, ce scandale immense aurait déjà fait l'objet d'un débat public incessant. Les médias auraient tous suivi les pistes ouvertes par Mediapart, le camp politique adverse n'aurait cessé de demander des comptes, le Parlement aurait joué son rôle de contrôle du pouvoir exécutif, une commission d'enquête aurait été créée, des auditions publiques auraient été organisées, les interpellations auraient été nombreuses, etc.

Nous obligeant à prendre la mesure, s'il en était encore besoin, de cette faillite démocratique collective, *Avec les compliments du Guide* raconte comment, s'agissant des faits à portée mondiale de ce dossier – la guerre de 2011, la chute du régime et la mort du dictateur – les démocraties britannique et américaine ne sont pas restées inertes. C'est grâce aux documents officiels, télégrammes diplomatiques ou rapports parlementaires qui y ont été rendus publics, que l'on découvre les dessous obscurs de l'intervention militaire où la France a menti sur la réalité de l'urgence humanitaire, puis allégrement dépassé le mandat confié par l'ONU et, enfin, réussi à empêcher toute issue négociée. Le tout à la surprise étonnée de ses alliés.

Toute enquête au long cours est un puzzle dont les scoops les plus retentissants ne sont souvent qu'une des pièces, plus significative ou définitive que d'autres, donnant son sens au tableau d'ensemble. La force du livre de Fabrice Arfi et Karl Laske, c'est de n'en oublier aucune et, ce faisant, de tout mettre et remettre en place.

Cheminant chronologiquement avec eux, les voyant parfois revenir en arrière sur un détail qui leur avait d'abord échappé, accompagnant leurs propres déductions d'une trouvaille à l'autre, le lecteur regarde l'enquête avancer et le puzzle prendre forme comme s'il participait lui-même aux investigations de Mediapart. Tout s'emboîte progressivement, tout finit par faire lien, tout fait sens, tout devient cohérent et clair, dans un récit limpide, extrêmement pédagogique. Ce tout étant constitué d'une masse infinie de preuves, documents trouvés, témoignages recueillis, écoutes judiciaires, rapports de tous ordres, sans compter un matériau multimédia consistant : photographies, vidéos, SMS téléphoniques, etc.

Le fameux document révélé par Mediapart entre les deux tours de la présidentielle de 2012, cet engagement libyen de financement électoral à hauteur de 50 millions d'euros dont la crédibilité n'est désormais plus contestée, sinon par Nicolas Sarkozy et les siens, n'est dès lors qu'une pièce parmi d'autres – le chapitre 30 du livre, qui en compte 39. Car *Avec les compliments du Guide* fourmille de révélations nouvelles, complétant celles déjà faites sur le site de Mediapart, auxquelles le livre redonne leur perspective d'ensemble. Si l'on ne les dévoilera pas toutes ici, pour mieux inciter le lecteur à aller les découvrir par lui-même, un document en donne un large aperçu : c'est la liste des 60 questions adressées par Fabrice Arfi et Karl Laske à Nicolas Sarkozy, hélas restées sans réponse.

Il est toutefois une révélation, au chapitre 34, qui pèse plus que d'autres, achevant de compléter le puzzle dans sa partie la plus décisive : le circuit du financement et des versements, au-delà des promesses libyennes. Recueillant le témoignage précis d'un des personnages clés du régime, un homme de l'ombre réfugié en Égypte, Mohamed Ismail, nos deux enquêteurs font soudain le lien avec des documents en leur possession depuis 2011, ceux-là mêmes qui les avaient mis sur la piste libyenne : les archives de Ziad Takieddine. « En fait, écrivent-ils, à la manière de *La Lettre volée*, d'Edgar Allan Poe, la clé de l'énigme se trouvait sous nos yeux depuis des années. » Dans ce fatras de documents, ils étaient en effet passés « à côté d'un élément, ou plutôt deux : une société et un virement ». Société et virement qui correspondent précisément au circuit décrit par leur source libyenne...

« En ce qui concerne le financement de la campagne, leur avait-elle confié, une partie des fonds a transité par une banque commerciale à Beyrouth et, de là, est passée par un compte bancaire en Allemagne, affilié à Ziad. D'autres sommes sont passées par des comptes bancaires au Panama et en Suisse. » Or, dans les documents Takieddine, Fabrice Arfi et Karl Laske ont trouvé une société immatriculée aux îles Vierges britanniques, Rossfield Ltd, qui a bénéficié d'un virement en provenance de Libye, émanant de la Libyan Arab Foreign Bank, puis passé par une banque libanaise, l'Intercontinental Bank of Lebanon, laquelle a comme *correspondent bank* pour les relations interbancaires internationales une banque allemande, la Deutsche Bank de Francfort. Exactement le circuit décrit par le témoin libyen, sans compter le fait que, depuis l'un des plus opaques paradis fiscaux au monde, Rossfield Ltd détient au moins trois comptes bancaires en Suisse, l'un chez Maerki Baumann & Co, les deux autres à la Blom Bank.

À la justice, saisie de l'affaire des financements libyens, d'aller maintenant jusqu'au bout de toutes ces pistes ouvertes par deux journalistes qui, pourtant, n'ont aucune de ses armes pour dénicher la vérité. Reste que, d'ores et déjà, « le dossier est là, sous nos yeux », ainsi que l'écrivent Fabrice Arfi et Karl Laske en prologue à cette « histoire d'un système de compromissions étatiques et politiques probablement inédit » sous la Ve République, qui est aussi « un nouvel épisode de l'histoire postcoloniale de la France ». Tout le mérite leur en revient, qui fait évidemment la fierté collective de Mediapart et qui, aujourd'hui, est enfin reconnu dans les journaux qui, hier, doutaient de nos révélations.

Avec les compliments du Guide témoigne magistralement du journalisme d'intérêt public défendu dans nos colonnes numériques depuis 2008 et dont l'idéal est partagé par tout journaliste digne de ce nom. Un journalisme qui, évidemment, dérange affairistes et corrompus, au point de devoir souvent mener bataille pour s'imposer. Y compris, hélas, dans notre propre milieu professionnel. Au chapitre 38, sous un titre délicieusement ironique – « Recettes à l'étouffée » –, Arfi et Laske dévoilent ainsi les secrets de « certaines pudeurs de presse sur l'affaire libyenne ».

On y découvre notamment la censure, en 2014, par *Le Point*, d'une enquête confortant les révélations de Mediapart, après un appel téléphonique de l'attachée de presse de Nicolas Sarkozy. Et l'on lit, non sans sidération, la réponse que lui fit le directeur de l'hebdomadaire : « Non, mais si tu veux, le truc, nous, on n'en fait pas un truc… On n'est pas Mediapart, à accuser les gens sans preuves. Donc ce que je veux dire, c'est que nous, on ne va pas titrer "L'homme qui accuse Nicolas Sarkozy". […] Enfin, ça n'a pas plus d'importance que ça, très franchement ; nous, nous, on le joue pas comme un truc d'investigation. »

C'est peu de le dire.

De quoi Mediapart est-il le nom ?

Fin 2017, Mediapart fut pris dans une tempête médiatique dont le point de départ était une rumeur sans autre fondement que la calomnie (avoir caché une information que nous n'avions jamais possédée) et le point d'arrivée une campagne politique caricaturant notre positionnement éditorial (être les complices intellectuels du terrorisme islamiste).

Cette épreuve, car c'en fut une pour toute l'équipe de notre journal, m'a rappelé une précédente campagne qui, en 2003, avec la même virulence et une identique mauvaise foi, s'en était prise au journalisme que les cofondateurs de Mediapart défendaient alors au Monde et que nous avons voulu continuer de défendre en créant Mediapart cinq ans plus tard[1]. Il faut croire que, tout comme, précédemment, le succès remporté par Le Monde sous ma direction éditoriale, la réussite de Mediapart est devenue à ce point encombrante et dérangeante qu'il est désormais à la mode, dans les cercles de pouvoir politiques et médiatiques, économiques ou idéologiques, de tenter de la discréditer par tous les moyens.

---

1. J'en ai rendu compte dans *Procès* (Stock, 2006), repris en « Folio » (2007).

Mais, comme l'avait été à titre personnel celle de 2003, cette épreuve fut aussi un enseignement collectif sur les erreurs à ne pas commettre, les emballements auxquels ne pas céder et les pièges dans lesquels ne pas tomber. Mediapart s'est donc expliqué, avec un regard autocritique sur nous-mêmes[1], affirmant clairement qu'il ne saurait y avoir de guerre entre notre journal et Charlie Hebdo, *entre deux journaux indépendants, sauf à faire le jeu des ennemis de la liberté et du pluralisme de la presse, et encore moins quand l'un des deux a payé le prix le plus fort pour cette liberté, celui du sang, avec le massacre de sa rédaction, le 7 janvier 2015, par des terroristes se revendiquant de l'idéologie totalitaire du réseau Al-Qaïda et de l'organisation État islamique (Daech)[2].*

Notre voix collective ayant été quelque peu rendue inaudible dans cette surenchère de violence verbale et d'outrancière personnalisation, je reproduis ci-dessous mon article en forme de mise au point qui, publié le 19 novembre 2017, s'est efforcé, pour Mediapart, de mettre fin à la polémique.

De quoi Mediapart est-il le nom ? C'est la question que nous nous posons après ces folles semaines de cabale politique et médiatique contre notre journal. Voici une tentative de réponse, alors que Manuel Valls a appelé à nous exclure du débat public.

1. La vidéo de cette émission, diffusée le 22 novembre 2017, est accessible ici : http://bit.ly/2pFGQWv
2. Je me suis aussi exprimé sur BFMTV le 1er décembre 2017 (http://bit.ly/2BBi9fb), puis dans l'émission « Quotidien » le 5 décembre 2017 (http://bit.ly/2C9earq).

En déplacement en Asie du Sud-Est durant ces deux dernières semaines, j'ai assisté de loin, incrédule et stupéfait, à cette incroyable surenchère à laquelle faisait face vaillamment une équipe soudée dans l'épreuve. Quand j'ai quitté la France, le lundi 6 novembre, je croyais avoir fait les mises au point nécessaires, la veille, dans deux émissions de télévision, celle de Mouloud Achour sur Canal Plus[1] et celle d'Apolline de Malherbe sur BFM TV[2]. L'impensable soupçon que Mediapart aurait été informé des accusations de violences sexuelles contre Tariq Ramadan et les aurait sciemment cachées à ses lecteurs commençait tout juste à circuler, sans aucun fondement autre que la malveillance, sinon la calomnie.

Dans le prolongement de mes explications orales, notre directeur éditorial, François Bonnet, mettait en évidence, ce même lundi 6 novembre, la campagne politicienne sous-jacente à cette rumeur[3]. Isolé depuis son échec aux primaires socialistes, désormais sans parti puisque n'étant plus que député apparenté En Marche !, élu de si grande justesse qu'un recours devant le Conseil constitutionnel le menace[4], Manuel Valls a choisi de revenir en force sur une ligne identitaire et autoritaire dont la « guerre » à « l'islamisme », assimilé au terrorisme, est l'unique programme[5].

---

1. Le lien pour la visionner : http://bit.ly/2ldk9mH
2. Le lien : http://bit.ly/2zzcwfS
3. Cf. « Affaire Ramadan : la croisade des imbéciles » (http://bit.ly/2lbsEyZ).
4. L'élection de Manuel Valls comme député de l'Essonne a finalement été validée par le Conseil constitutionnel, le 8 décembre 2017.
5. Cf. sur Mediapart, l'analyse d'Antoine Perraud : « Manuel Valls en spectre du recours social-national » (http://bit.ly/2pEl2KS).

Dans cette tentative de reconquête d'un espace politique, l'ex-Premier ministre de François Hollande a décidé d'utiliser Mediapart comme bouc émissaire et faire-valoir, mobilisant tous ses soutiens partisans et tous ses réseaux communicants à cette fin. Le premier signal fut donné par la dénonciation, à la une du *Figaro Magazine* du 6 octobre, auquel il accordait un entretien musclé, des « agents de l'islam » – non pas du terrorisme ou de l'islamisme, mais bien d'une religion, l'islam – parmi lesquels le directeur de Mediapart[1]. Puis, commençant sa campagne médiatique, il installait ce refrain d'un Mediapart « complice intellectuel » de l'islamisme, ce qui, dans son esprit, signifie complice du terrorisme.

Tel est le contexte dans lequel survient, mercredi 8 novembre, la couverture de *Charlie Hebdo* me caricaturant comme les trois singes qui ne voient rien, n'entendent rien et ne disent rien, avec ce titre : « Affaire Ramadan, Mediapart révèle : "On ne savait pas" ». La Société des journalistes de Mediapart au nom de toute notre équipe[2] tout comme Mathieu Magnaudeix, le journaliste auteur de notre longue enquête en cinq épisodes de 2016 qui déplut tant à Tariq Ramadan[3], eurent beau démontrer l'inanité de l'accusation sous-jacente d'avoir été complice,

---

1. Cf. mon billet en réponse : « Leurs passions tristes, nos causes communes » (http://bit.ly/2fYI1vY).
2. Cf. « À propos de la Une de *Charlie Hebdo* » (http://bit.ly/2pzNJZ3).
3. L'enquête est à retrouver ici : http://bit.ly/2pAeQU6 ; la réaction courroucée de Tariq Ramadan là : http://bit.ly/2C9pwLK ; et le témoignage de Mathieu Magnaudeix depuis New York, où il assure la correspondance américaine de Mediapart là : http://bit.ly/2C64e1B.

par notre silence, de violences sexuelles, ces réponses précises ne réussirent pas à arrêter l'emballement médiatique. Pas plus, d'ailleurs, que la mise au point factuelle de François Bonnet sur mes prétendues « relations » avec Tariq Ramadan[1], ni non plus cette analyse sereine d'un juriste qui, pourtant, n'est pas de nos soutiens[2]. Ni même l'enquête menée par Marine Turchi sur l'affaire Ramadan, la vraie – les accusations de violences sexuelles – d'abord par un premier article le 28 octobre, puis par la révélation de témoignages inédits le 15 novembre[3].

Cette séquence restera sans doute comme un exemple de dérive française vers les faits alternatifs chers à Donald Trump, ce refus de l'information au profit de l'opinion. Car, dans ce tourbillon, les écrits pas plus que les faits n'eurent d'importance. Tout ce qui touche de près ou de loin à l'islam affolant médias et politiques, il n'y avait plus place pour des arguments de raison. Clichés et préjugés en tenaient lieu ainsi que Fabrice Arfi et Jade Lindgaard, chargés d'exprimer le point de vue de notre rédaction, en firent la pénible expérience sur divers plateaux télévisuels. Au mépris de la cause des femmes, largement oubliée et manipulée, l'affaire Ramadan devenait l'affaire Mediapart ou l'affaire Plenel, mon crime principal étant d'avoir publié en 2014, aux éditions La Découverte, un essai intitulé *Pour*

1. À retrouver ici : http://bit.ly/2C6o2C2.
2. Cf. Didier Hanne, « Le vrai problème que pose la Une de *Charlie Hebdo* sur Plenel », Slate, 13 novembre 2017 (http://bit.ly/2pymApz).
3. Cf. Marine Turchi, « Deux plaintes pour viol visent Tariq Ramadan », Mediapart, 28 octobre 2017 (http://bit.ly/2Ddt5jB) et, du même auteur, « Violences sexuelles : le système Tariq Ramadan » (http://bit.ly/2BBYDiD).

les musulmans (inspiré d'un article paru sur Mediapart en 2013[1]), que son titre seul suffit à rendre insupportable à des détracteurs qui n'ont jamais pris la peine de le lire, encore moins de le réfuter sur le fond[2].

Quand on est emporté par un tel maelström, qui plus est dans un rapport de force foncièrement inégal, il n'y a jamais de riposte parfaite. Tentant, car signe de hauteur et de distance, le silence n'arrête pas le pilonnage, qui en tire argument pour dénoncer un embarras suspect. À l'inverse, toute réplique est risquée, la machinerie communicante qui mène l'offensive, loin de chercher le débat, n'étant à l'affût que d'une maladresse ou d'un faux pas pour les transformer en piège. C'est ainsi qu'il aura suffi d'un tweet réactif et d'une phrase tronquée – mes seules réactions à distance – pour que l'ogre médiatique se repaisse à nos dépens durant une bonne semaine, sans jamais tenir compte des faits eux-mêmes. L'attaquant a droit à tous les excès quand l'agressé n'a droit à aucune faiblesse.

Au-delà du fond, je n'ai pas goûté le dessin me portraiturant à la une de *Charlie Hebdo* car je n'aime pas les caricatures qui affichent en gros plan un visage comme on le ferait d'un criminel recherché. Évoquer pour le faire savoir une « affiche rouge », comme cela m'est venu spontanément, n'était évidemment pas le plus adroit. Mais, au passage, on notera ce renversement paradoxal selon lequel, au nom de cette liberté dont *Charlie Hebdo*

1. Mis en ligne le 18 août 2013 et à retrouver ici : http://bit.ly/2kXZuE7.
2. Lire sur mon blog de Mediapart, « Contre la haine (avec Romain Rolland) », 20 janvier 2016, à l'occasion de la réédition en poche (http://bit.ly/2kYgUR6).

a payé le prix le plus cher, celui du sang, la liberté de critiquer une caricature ou un journal satirique est devenue taboue. Quant à la phrase qui m'a été prêtée à propos d'une « guerre aux musulmans », sur laquelle s'est appuyé le directeur de l'hebdomadaire dans son virulent éditorial du 15 novembre, elle est sortie de son contexte : extraite d'une brève interview radiophonique, elle visait explicitement l'axe idéologique choisi de longue date par Manuel Valls, dont la tonalité guerrière est assumée par l'intéressé.

Reste qu'il aurait sans doute mieux valu s'abstenir dans les deux cas, pour ne donner aucun prétexte à des adversaires qui ne veulent pas débattre mais éradiquer. La preuve en a été donnée par Manuel Valls lui-même, ajoutant le 15 novembre son explication de texte à l'éditorial de *Charlie Hebdo* : « Je veux qu'ils reculent, je veux qu'ils rendent gorge, je veux qu'ils soient écartés du débat public », a-t-il déclaré sur RMC et BFM TV à propos de Mediapart, de son directeur et de son équipe. Ainsi donc, en quelques semaines, nous voici passés, dans une surenchère qui dépasse l'entendement, d'agent de l'islam à fourrier de l'islamisme, puis complice d'un violeur supposé et, enfin, responsable potentiel de futurs attentats par « un appel au meurtre » utilisant « les mêmes mots que Daech » !

Contrairement à l'adage, dans notre affaire, tout ce qui est excessif est signifiant. Prenant en otage le martyre de *Charlie Hebdo*, l'ancien Premier ministre l'utilise contre la liberté de la presse, instaurant d'imaginaires délits de complicité intellectuelle dignes du maccarthysme et appelant à bannir de l'espace public un journal dont la sensibilité lui déplaît. On n'ose lui rappeler que, depuis 1984, le pluralisme des médias fait partie du bloc de constitutionnalité français, en d'autres termes que c'est un de nos droits fondamentaux.

Après ce rappel des faits, le plus dépassionné possible, reste une interrogation sur cette agressivité à notre endroit, et le mot est faible. La personnalisation autour du directeur de Mediapart ne saurait faire illusion tant elle est prétexte à affaiblir notre journal en le discréditant ou en le récusant. Qu'il y ait un désaccord politique entre notre rédaction et Manuel Valls, c'est l'évidence depuis longtemps. Il suffit de nous lire, dans maintes rubriques, pour en trouver les tenants et les aboutissants, qu'il s'agisse des questions démocratiques, sociales ou sécuritaires, de migrations et de discriminations, de lutte contre la corruption, etc.

Mais le temps est passé où il acceptait de venir s'en expliquer lors d'un de nos live, hebdomadaires ou mensuels selon les périodes, comme ce fut le cas en mars 2014[1]. Pourquoi, dès lors, ce qui devrait relever d'un débat, fût-il vif, s'exprime-t-il désormais sur le mode de la vindicte, avec une virulence que l'on ne trouvera jamais ni sous la plume ni dans la bouche de l'une ou l'un d'entre nous ? Qui plus est envers non pas un rival politique mais à l'encontre d'un journal, traité comme un adversaire bien plus dangereux que ne le serait un parti concurrent ?

---

1. Le 12 mars 2014, Manuel Valls fut l'invité de la rédaction de Mediapart. À revoir ici : http://bit.ly/2DVZjAX.

Poser la question, c'est sans doute y répondre tant, ici, la forme dit le fond : une dérive politique vers des rivages autoritaires et intolérants, à rebours d'une culture démocratique respectueuse de la pluralité des opinions et de l'indépendance de l'information. Journalistes, notre métier, par l'enquête, le reportage ou l'analyse, est toujours d'apporter de la nuance et de la précision, de la complexité et de la contradiction. C'est d'ailleurs le meilleur antidote contre les détestations qui aveuglent, faisant perdre l'entendement, comme l'a récemment rappelé l'essayiste allemande Carolin Emcke dans son *Contre la haine*[1].

Par exemple, à Mediapart, nous ne confondons pas islam, islamisme et terrorisme, refusant de les essentialiser en un seul bloc homogène qui ferait d'une religion le terreau univoque d'une réalité politique uniforme qui, elle-même, produirait inévitablement la violence terroriste. Car l'islamisme, dans la diversité des expressions politiques qui se revendiquent de la religion musulmane, c'est aussi bien le parti de l'actuel premier ministre marocain, le PJD, l'une des composantes de la coalition gouvernementale tunisienne, Ennahda, le parti du président Erdogan en Turquie, l'AKP, les diverses factions avec lesquelles l'ONU et l'Europe négocient en Libye, ou encore la monarchie absolutiste saoudienne que le gouvernement de Manuel

---

1. Carolin Emcke, *Contre la haine. Plaidoyer pour l'impur*, Le Seuil, 2017 : « On hait indistinctement. Il est difficile de haïr avec précision. Avec la précision viendraient la tendresse, le regard ou l'écoute attentifs, avec la précision viendrait ce sens de la nuance qui reconnaît chaque personne, avec ses inclinations et ses qualités multiples et contradictoires, comme un être humain » (p. 12).

Valls comme ses prédécesseurs et comme son successeur rencontrent volontiers.

En d'autres termes, sans avoir aucune complaisance pour les terroristes et l'idéologie totalitaire qu'ils servent, Mediapart refuse de ne voir la réalité du monde et de notre pays qu'à travers le seul prisme de cette menace. Prenant appui sur des peurs légitimes, le discours de la guerre est, à l'inverse, un appel brutal à ne plus comprendre et à ne plus débattre, bref, à ne plus savoir. Congédiant toute autre urgence – démocratique, sociale, écologique, émancipatrice, etc. – il tente de nous faire accroire que c'est là le seul danger que nous courons, minimisant notamment la réalité européenne d'une montée des mouvements de droite extrême, xénophobes et racistes, anti-migrants et anti-musulmans, bien plus près d'imposer leur hégémonie au débat public que ne le sont d'introuvables formations islamistes à ne serait-ce qu'exister politiquement.

Mais, de plus, dans notre refus de nous plier à un ordre du jour quasiment militaire, s'exprime aussi celui de hiérarchiser entre les souffrances, oppressions et violences, et les causes qu'elles inspirent. Lutter contre le sexisme, l'homophobie, l'antisémitisme, le racisme, la xénophobie, l'islamophobie, etc. : tous ces combats contre le rejet ou la persécution d'un individu ou d'un groupe à cause de son origine, de sa croyance, de son apparence, de sa sexualité, sont les nôtres sans que jamais l'un d'eux éclipse les autres. En pays anglo-saxon, ce positionnement progressiste ne surprendrait guère, résumé en « intersectionnalité » dans la filiation d'un libéralisme politique assumé. Mais, en France, il fait désordre.

À tel point qu'on en vient à diaboliser le fait de s'adresser à des publics musulmans – ce que j'ai été amené à faire après la parution de *Pour les musulmans* et qui, par deux fois, m'a amené à croiser Tariq Ramadan – alors même que c'est l'occasion d'y défendre ces causes communes de l'égalité, en combattant les enfermements communautaires par l'affirmation, sans complaisance aucune, qu'une seule blessure faite à un seul être humain en raison de ce qu'il est n'est autre qu'une blessure à l'humanité tout entière. Plus essentiellement, depuis sa création, Mediapart s'est avec constance opposé à une vision uniforme de l'identité française et de notre peuple, défendant au contraire la réalité d'une nation plurielle et multiculturelle[1].

Sans doute est-ce là l'un des nœuds rationnels de l'adversité que nous endurons, où les journalistes cofondateurs de Mediapart retrouvent l'un des refrains des attaques endurées en 2003, quand je dirigeais la rédaction du *Monde*, lorsque nous étions, déjà, portraiturés en agents de l'anti-France. S'y ajoute une intolérance assez partagée dans les sphères dirigeantes envers un journal trop curieux des secrets des pouvoirs politiques et économiques, ne les ménageant pas et prompt à leur tenir la dragée haute. Mais aussi un journal trop jaloux de sa liberté au point de paraître donneur de leçons au reste de la profession,

---

1.   Cf. Jean-Michel Le Boulanger, *Manifeste pour une France de la diversité*, Dialogues, 2016, dont j'ai écrit la préface.

tant il prend au sérieux l'enjeu démocratique du droit de savoir, quitte à sembler se prendre au sérieux. Il vaut mieux faire envie que pitié, dit le proverbe, et Mediapart paye évidemment une réussite insolente, souvent pavée de batailles pour imposer ses révélations, quitte parfois à faire reproche, sinon honte, à des médias concurrents ou dominants.

Mais, sauf à devenir paranoïaque, cette forme maladive de l'égocentrisme, il nous faut bien admettre que, dans cette épreuve d'une cabale qui, en vérité, tient du montage, Mediapart n'est qu'un symptôme. Celui d'un pays, le nôtre, qui n'est toujours pas au clair ni sur sa culture démocratique, ni sur son identité plurielle. Celui aussi d'une époque incertaine qui avance à tâtons entre impatiences démocratiques et tentations autoritaires.

Sommaire

Du même auteur

Chez Don Quichotte

Le Président de trop, 2011.
Le Droit de savoir, 2013 ; « Points », 2014.
Dire non, 2014 ; « Points », 2015.
La Troisième Équipe, 2015 ; « Points », 2016.
Dire nous, 2016 ; « Points », 2017.

Chez d'autres éditeurs

L'Effet Le Pen (en coll.), La Découverte-*Le Monde*, 1984.
La République inachevée. L'État et l'École en France, Payot, 1985, Stock, 1997 ; Biblio, 1999.
Mourir à Ouvéa (en coll.), La Découverte-*Le Monde*, 1988.
Voyage avec Colomb, Le Monde éditions, 1991.
La Part d'ombre, Stock, 1992 ; « Folio Actuel », 1994.
Un temps de chien, Stock, 1994 ; « Folio Actuel », 1996.
Les Mots volés, Stock, 1997 ; « Folio Actuel », 1999.
L'Épreuve, Stock, 1999.
Secrets de jeunesse, Stock, 2001 ; « Folio », 2003.
La Découverte du monde, Stock, 2002 ; « Folio », 2004.
Le Journaliste et le Président, Stock, 2006.
Procès, Stock, 2006 ; « Folio », 2007.
L'Affaire Clichy (avec Jean-Pierre Mignard et Emmanuel Tordjman), Stock, 2006.
Devoirs de vérité (avec François Hollande), Stock, 2006.

Chroniques marranes, Stock, 2007.

Le 89 arabe (avec Benjamin Stora), Stock, 2011.

Notre France (avec Farouk Mardam Bey et Elias Sanbar), Sindbad/Actes Sud, 2011.

Pour les musulmans, La Découverte, 2014 ; La Découverte « Poche », 2016.

Voyage en terres d'espoir, Éditions de l'Atelier, 2016.

Le Devoir d'hospitalité, Bayard, 2017.

Pour écrire à l'auteur

Éditions Don Quichotte
pour Edwy Plenel
96, boulevard du Montparnasse
75014 Paris

auteurs@donquichotte-editions.com

facebook.com/donquichotte.editions
@DonQuichotteEd

RÉALISATION : NORD COMPO À VILLENEUVE-D'ASCQ
IMPRESSION : CPI FRANCE
DÉPÔT LÉGAL : MARS 2018. N° 139285-2 (146246)
Imprimé en France